F Rohde

Das Wesen und die Formen der Dichtkunst

F Rohde

Das Wesen und die Formen der Dichtkunst

ISBN/EAN: 9783743634466

Hergestellt in Europa, USA, Kanada, Australien, Japan

Cover: Foto ©ninafisch / pixelio.de

Weitere Bücher finden Sie auf **www.hansebooks.com**

Das Wesen

und die

Formen der Dichtkunst.

Für den

höheren Unterricht und die Selbstbelehrung

bearbeitet

von

F. Rohde.

Leipzig,

Verlag von Friedrich Fleischer.

1870.

Das Wesen
und die
Formen der Dichtkunst.

Für den

höheren Unterricht und die Selbstbelehrung

bearbeitet

von

F. Rohde.

Leipzig,
Verlag von Friedrich Fleischer.
1870.

Im Gesetz beruht die Freiheit.

Vorwort.

Dieses Werk widmen wir den Lehrern an höheren Schulen. Das Ganze der Dichtkunst ist zusammengefaßt. Klarheit in der Anschauung und Kürze im Ausdruck sind verbunden worden.

Wir widmen dieses Werk ferner dem jungen Talent. Für den Freund der Musen muß es eine betrübende Erscheinung sein, daß viele Dichter der Gegenwart unsere poetische Literatur nicht mit historischem Blick überschauen. Es ist vergebliche Mühe, in den Stapfen unserer Vorgänger wandeln zu wollen, indem durch deren Genius die Aufgabe vollständig gelöset wurde, welche die Zeit forderte. Der künftige Dichter muß Pfade wandeln, welche von den Vorgängern nicht betreten wurden, und hat hiedurch unsere poetische Literatur fortzubilden. Dies bezieht sich vorzüglich auf das Drama und den Versbau.

Schließlich widmen wir dieses Werk denjenigen Laien, welche sich über das Wesen und die Formen der Dichtkunst zu unterrichten wünschen. Es ist ein großer Irrthum, wenn man glaubt, daß in der Dichtkunst der Gedanke Hauptsache, die Form Nebensache sei. In diesem Falle könnte man beim Anschauen eines plastischen Werkes oder eines Bildes mit gleichem Rechte behaupten, daß richtige und schöne Zeichnung nebst sorgfältiger Ausführung durchaus überflüssig und der Gedanke der Schöpfung Alles sei. Dieses Urtheil würden die bildenden Künstler zurückweisen.

Nur durch innige Verbindung von Idee und schöner Form kann das vollendete Werk der Kunst geschaffen werden.

I.

Die Dichtkunst.

Die indische Mythe nennt die Schöpfung oder das Weltall ein Dichtwerk der Gottheit. Wir folgen dieser Anschauung, um den Begriff von der Dichtkunst am klarsten darlegen zu können, und deßhalb wollen wir zuvor in der Kürze erwähnen, welche Ideen die Alten und zwar vorzugsweise die Indier von der Weltschöpfung hatten. Diese Ideen haben uns die Mythen, nämlich die heiligen Schriften, aus der fernsten Vergangenheit aufbewahrt. Es versteht sich von selbst, daß die Darlegung nur unserem Zwecke dienen soll.

Die Mythe nimmt an, daß die Welt vor der Erschaffung in der Vorstellung der Gottheit geruht habe. Vor der Schöpfung war nichts als der endlose Raum und die ungetheilte Zeit, also ein Leeres ohne Grenze. Raum und Zeit waren ungemessen, es gab keine Entfernung von der Sonne zur Erde, weil dieselben noch nicht geschaffen waren, es gab somit auch keine Jahre, Tage und Stunden.

Wir wissen, daß die Gottheit ein Geist ist. Der Geist ruhte also vor der Schöpfung schweigend in sich verschlossen, bis das höchste Wesen die Idee der Welt zur sichtbaren Erscheinung brachte, die Welt also denkend schuf. Der Geist hat hiedurch seine Gedanken geoffenbart, und folglich sich selbst im klarsten

Bewußtsein dargestellt. Die sichtbare Schöpfung mit allen lebenden Wesen ist somit ein Spiegel göttlicher Gedanken, ganz so wie die ruhigen Fluten ein Spiegel des Himmels sind, wenn wir in denselben Sonne, Mond und die Gestirne erblicken.

Die Welt in ihrem Zusammenhang ist demnach eine Idee der Gottheit. Eine Idee kann aber nur in Verbindung mit dem Wort und folglich mit dem Klang als Erscheinung hervortreten. Dies erkennen wir sofort, wenn wir uns selbst prüfen. Quillt nämlich in unserem Geiste ein Gedanke auf, so finden wir, daß sich derselbe sogleich in Worte kleidet, es sind also Gedanke und Wort auf das Innigste verbunden. Soll nun dieser Gedanke zur Erscheinung gebracht werden, so kann dies nur durch den Klang geschehen, nämlich das Wort muß von uns gesprochen werden und folglich tönen. Wohl kann der Geist auch seine Gedanken durch Gestalten kundgeben, jedoch dies ist gleichbedeutend. Alles ist Körper, was wir mit unseren Sinnen wahrnehmen, folglich auch der Klang, den die Luft in unser Ohr trägt. Die Welt und alle Wesen sind folglich Gedanken der Gottheit, welche verkörpert wurden und das Innerste des Schöpfers spiegeln.

Der Geist hat sich also mit dem Klang verbunden, um sein Wesen zu offenbaren und schaffen zu können. Das Erschaffene kann aber nur in der Zeit und im Raume erscheinen, und hiedurch werden beide gemessen. Die in bestimmte Abschnitte getheilte Zeit muß nothwendig im Takt fortschreiten, worüber uns jeder Chronometer belehrt, und somit nennt die indische Mythe die herrliche Welt, als verkörperte Gedanken voll der reinsten Harmonie, ein göttliches Gedicht.

Wenn wir die uns umgebende Welt mit allen Wesen betrachten, so finden wir, daß den weisen Schöpfer beim Erfinden der Formen neben dem Zweck auch die Schönheit geleitet hat. Die im reinsten Licht prangenden Sternbilder am Himmel verkünden dies nicht allein, sondern auch fast jede Gestaltung auf unserer Erde. Die Schönheit zieht uns heiter an, während häßliche Formen die entgegengesetzte Empfindung erwecken, und begegnen wir in der Thierwelt unschöner Bildung, so müssen wir auch immer in derselben die Absicht erkennen. Wie entzückt uns der Anblick einer gebirgigen Landschaft oder der wogenden See. Welche Zauberform, verbunden mit Farbenpracht, hat der Schöpfer der duftenden Rose oder der Schwinge des Schmetterlings verliehen. Ebenso enzückt uns Philomele's flötende Stimme, wenn wir beim Mondlicht im belaubten Walde verweilen. Dem kleinsten Insect oder der anscheinend unbedeutenden Pflanze hat der bildende Geist gleiche Sorgfalt gewidmet, und wir erkennen dies mit warmer Empfindung, wenn wir die Macht der Gewohnheit abstreifen, die uns häufig unempfänglich macht, auf die Gedanken der Gottheit einzugehen.

Jedes Einzelne in der Schöpfung ist jedoch ein für sich bestehender Theil des Ganzen. Es ist folglich nicht allein das sichtbare Weltall, sondern auch jede einzelne Erscheinung in demselben, jede Landschaft, jede Blume, jedes Wesen ein göttliches Gedicht; und auch du, edler Leser, mit deiner schönen Gestalt, mit deinem lebendigen Blick, mit der Fülle der Gedanken und der warmen Glut der Empfindung: auch du bist ein herrliches Gedicht der ewig schaffenden Gottheit, wenn wir der Anschauung der Mythe Folge geben.

Wir gehen jetzt zur Dichtkunst über. Unter allen athmenden Wesen ist der Mensch das schönste und vollkommenste Bild göttlicher Gedanken, die menschliche Vernunft ist folgerichtig ein Spiegel göttlicher Vernunft, und die Gedanken der Gottheit sind somit für uns das reinste und erhabenste Vorbild. Der Mensch ist also ein Geist, und beginnt dieser Geist schöpferisch zu bilden und Werke der Kunst zu schaffen, so muß ihm immer das göttliche Vorbild vorschweben; immer muß er bemüht sein, den Gedanken in schöne Form zu kleiden, um durch innige Verschmelzung beider ein Werk zu schaffen, welches uns fesselt und rege Empfindung im Inneren hervorruft.

Die göttliche Welt ist also Vorbild für den schaffenden Dichtergeist, den wir Genius nennen. Hieraus ergiebt sich, daß jedes Gedicht eine Idee verkörpern und ein in sich abgeschlossener geistiger Organismus sein muß. Duldet dieser geistige Organismus keine Aenderung, ohne dessen Schönheit zu benachtheiligen, so ist derselbe als vollendet zu betrachten.

Ohne gesetzmäßige Uebereinstimmung der Verhältnisse ist keine Vollendung denkbar; aus diesem Grunde ist auch die Schaffung eines Dichtwerkes ohne Gesetzmäßigkeit unmöglig. Diese Gesetzmäßigkeit ist innerlich bedingt: dieselbe besteht in der vollkommenen Harmonie zwischen Idee und Verkörperung. Das vollendete Kunstwerk bringt daher auch die Idee zum klarsten Ausdruck.

Diese innerlich bedingte Gesetzmäßigkeit umfaßt Idee und Verkörperung zugleich und auch wiederum getrennt. Die Gesetzmäßigkeit für die Idee beruht in der Sittlichkeit und Wahrheit, und die der Verkörperung in der Form. Beide werden vom Verstande begriffen. Allein wie ein körperlicher Organismus ohne die Seele todt ist, so kann man ein Dichtwerk ebenfalls todt nennen, das allein vom Verstande und nicht vom Genius geschaffen wurde. Mag der berechnende Verstand die Idee einer Dichtung noch so sittlich und wahr hinstellen und die Form noch so schön bilden: immer wird dieselbe jenes fesselnden Zaubers entbehren, womit der Genius jedes seiner Werke unbewußt schmückt.

Diese unbegreifliche Schöpferkraft des Genius ist immer mit der Gabe psychologischer Beobachtung verbunden, und hiedurch wird sie gleichsam zur Grundkraft aller übrigen geistigen Kräfte. Zur Verkörperung der Idee bedient sich die Dichtkunst der lebendigen Sprache; diese ist der unmittelbarste Ausdruck des Geistes, durch welchen derselbe sein Innerstes dem andern Geiste aufschließt und sympathetisch in dessen Innerstes bringt. Somit knüpft die Dichtkunst am unmittelbarsten ein geistiges Band. Aus diesem Grunde umfaßt dieselbe alle übrigen Künste; sie wird zum Mittelpunkt derselben, indem sie das Wesen der übrigen Künste in ihr eigenes Wesen aufnimmt.

Wohl schafft der Genius frei und ist fern von aller Nach=
ahmung, allein das von ihm geschaffene Dichtwerk darf sich nicht
vom Ethischen trennen und die Idee muß sittlich sein. Die
Dichtung muß auch dasjenige zum Ausdruck bringen, was un=
sere Vernunft als das Wahrhafte anerkennt, denn es bedarf
keines Beweises, daß wir uns von der Unsittlichkeit und der
Thorheit mit Unwillen abwenden.

Da eine Dichtung ein geistiger Organismus ist, so kann in
derselben die uns umgebende Natur wohl geschildert, jedoch nicht
nachgeahmt werden. Dies findet nur bei der bildenden Kunst
statt. Wird eine Dichtung durch die Handlung athmender Ge=
stalten sinnlich dargestellt, so ist eine solche Darstellung nicht als
Nachahmung der Natur zu betrachten, sondern der Dichter be=
dient sich der sinnlichen Darstellung nur zur vollständigen Ver=
körperung seiner Idee.

Die Natur offenbart die Gedanken des göttlichen Geistes,
indem sie von demselben bewegt wird; die Thätigkeit des göttli=
chen Geistes kann daher vom menschlichen Geiste nicht nachge=
ahmt werden, denn der Mensch ist selbst ein Werk göttlicher Thä=
tigkeit. Die Nachahmung der bildenden Kunst beschränkt sich daher
auf Nachahmung der Formen. Aus diesem Grunde kann die
Natur nur Vorbild bei Schaffung eines Dichtwerkes sein, nämlich
durch die Offenbarung göttlicher Gedanken erkennen wir die
Gesetzmäßigkeit derselben, aus welcher die Harmonie hervorgeht.

Der Geist faßt Begriffe und bringt dieselben in folgerich=
tige Ordnung; demnach ist unser Denken ebenfalls gesetzmäßig.
Hiedurch gelangen wir zur Erkenntniß der Wahrheit und haben
begriffen, daß die Idee des Schönen und des Guten die Gott=
heit selbst ist. Da nun die göttliche Schöpfung Vorbild für den
Schöpfer eines Dichtwerkes ist, so muß die Form dieses Werkes
schön und die Idee gut, nämlich sittlich sein. Beides ist nicht
zu trennen, denn das sittliche Ideal ist zugleich schön.

Ein Dichtwerk soll sich bei uns einschmeicheln, es möge offen=
baren, was es wolle, entweder Tändelei des Frohsinns, Tiefe

der Gedanken und Empfindung, oder die Gewalt der Leidenschaft. Es soll sich ferner bei uns einschmeicheln durch die Wahrheit des Inhalts, möge derselbe die göttliche Welt oder die Verhältnisse berühren, welche die Menschen sich geschaffen haben und die wir daher die menschliche Welt nennen. Immer hat der Dichter die Dinge aufzufassen, wie sie in Wahrheit sind, denn jede Abweichung von derselben würde die Harmonie des geistigen Organismus stören und dessen Vollendung aufheben.

Wie die Schöpfung das höchste Wesen spiegelt, so sollen die Werke des Dichters sein eigenes Wesen, die göttliche und menschliche Welt spiegeln, und uns hiebei zugleich mit den Widersprüchen der letzteren aussöhnen, indem sie höhere Anschauung darlegen. Es ist selbstverständlich, daß nur das Dichtwerk eines schön geordneten Gemüths schön sein kann. Ein Gedicht, welches nicht von einem solchen Gemüth geschaffen wurde und einzig unser Denken in Anspruch nimmt, wird auch in unserem Gemüth weder freudige noch tiefe Stimmung erwecken; es wird uns kalt lassen und ist deshalb als ein verfehltes zu bezeichnen, wenn die Form auch noch so schön und vollendet gebildet wurde.

Die Gottheit verleiht das Talent zur Poesie, allein das Schaffen bleibt dem Sterblichen überlassen. Der Dichter hat sich durch beharrlichen Fleiß die nöthige Fähigkeit anzueignen und sich zugleich zur Höhe der Bildung aufzuschwingen, damit seine Schöpfungen auch demjenigen Geiste Erquickung gewähren, welcher das umfangreichste Wissen erlangt hat. Ohne den Besitz der Wissenschaft würde sich der Dichter nur in einem sehr engen Kreise bewegen können. Das begeisterte Verkünden einer idealen Anschauung genügt nicht immer; auch die richtende Vernunft will Befriedigung empfangen, und dieselbe duldet keine Abweichung von der Wahrheit. Die Phantasie will Freiheit, sie verschmäht es daher, von der Vernunft geleitet zu werden, weil sie hiedurch der Schöpferkraft beraubt würde; allein sie muß immer bedacht sein, den Beifall der weisen Richterin zu erringen, zu welcher Höhe sie auch ihren Flug richten mag. Der Schöpfer von Dichtwerken hat das Wissen, Denken und Empfinden der Menschen mit seinem Inneren in Harmonie zu bringen, und dasjenige Gedicht ist zuverlässig das gelungenste, welches jedem empfänglichen Geiste gleiche Befriedigung und gleiche Erquickung gewährt.

Da eine Dichtung Schönheit bieten soll, so hat der Dichter beim Schaffen eines Werkes den Ausdruck sorgsam abzuwägen; derselbe muß sich von der Sprache des gewöhnlichen Lebens fern halten, die wir Prosa nennen. Aus diesem Grunde wird die Form einer rhythmisch geordneten Rede gewählt. Die Phantasie liebt es, in Bildern zu sprechen, allein der geschmückte Ausdruck muß gleichwohl immer natürlich bleiben, denn jede Abweichung vom Natürlichen benachtheiligt die Schönheit und offenbart zugleich die Schwäche des Schöpfers.

Die Idee ist es, welche nicht allein das Werk hervorruft, sondern auch die Eigenthümlichkeit desselben bedingt; Idee und Form eines Gedichts müssen demnach ein harmonisches Ganzes bilden. Ein abgeschlossener geistiger Organismus in seiner Vollendung kann nur geschaffen werden, wenn der Schöpfer mit dem hellsten Bewußtsein der Idee die Schaffung unternimmt. Wie der weise Weltschöpfer jedem Wesen diejenige Form verliehen hat, welche neben der Schönheit sofort dessen eigenthümliche Natur offenbart: so hat der Dichter seine Idee ebenfalls in diejenige Form zu kleiden, welche derselben den klarsten Ausdruck verleiht. Nicht jedes Gedicht soll seine eigene Bildung erhalten, dies wäre unmöglich, sondern Inhalt und Form sollen nach göttlichem Vorbilde Harmonie verkünden. Es ist selbstverständlich, daß sich Klage und Freude im Ausdruck unterscheiden müssen. Gedichte ohne Abwechselung der Form entbehren deshalb auch der wohlthuenden Mannigfaltigkeit und können somit keine genügende Befriedigung gewähren.

Nicht allein die Bildung der rhythmisch geordneten Rede, sondern Anlage und Durchführung eines Dichtwerkes unterliegen

somit Gesetzen, welche von der Theorie hingestellt werden, die
ihre Sätze so folgerichtig aufbaut wie die Moral. Diese Theo=
rie heißt Aesthetik; dieselbe ist eine Wissenschaft wie die
Metrik, welche die Gesetze für die Kunst des Versbaues hin=
stellt. Beide Wissenschaften sind nach vollendeten Schöpfungen
des Genius ausgebildet worden, und es ist somit eine irrige
Ansicht, daß der Genius über jede Regel erhaben sei und sich
nicht durch dieselbe fesseln lasse. Ungebundene Geister werden
vergebens nach der Höhe der Vollendung streben, denn nur im
Gesetz beruht die Freiheit. Hievon ist das ächte Genie klar
überzeugt, es gestaltet seine Schöpfungen niemals zufällig, son=
dern immer wird von ihm die Idee in ihrer wesentlichen Gestalt
aufgefaßt und hingestellt. Innerhalb der Gesetze muß sich das
Kunstwerk gestalten, und man darf niemals erinnert werden,
daß der Zwang ein Hinderniß der freien Entwickelung gewesen
sei. Nur hiedurch empfängt das Gedicht Vollendung und Ab=
rundung einer für sich bestehenden Schöpfung.

Ein schönes Dichtwerk hat keinen anderen Zweck als das
eigene Dasein. Dies bezieht sich auf jedes Werk der Kunst.
Erkennen wir, daß der Schöpfer eines Gedichts die Absicht hatte,
politische oder religiöse Ansichten zu preisen oder zu tadeln, an=
dere Persönlichkeiten zu verletzen oder denselben zu schmeicheln,
so werden wir durch solche Bestrebung fast immer mehr oder
weniger unangenehm berührt werden. Nur beim Epigramm
findet hiebei eine Ausnahme statt, wie wir später erkennen
werden. Das schöne, vollendete Kunstwerk kann nie einen an=
deren Zweck als das eigene Dasein haben. Wollte man die An=
sicht aussprechen, daß eine Schöpfung der Kunst den Zweck habe,
gelesen, dargestellt, gesehen oder gehört zu werden, der Andacht
zu dienen oder einen Raum zu schmücken, so darf nicht vergef=
sen werden, daß dieses mit dem Zweck des eigenen Daseins
verbunden ist. Wie wir beim Anschauen einer duftenden Blume
als vollendete, schöne Schöpfung entzückt werden und die Be=
dingung vergessen, welche beim Entstehen und Aufblühen der=

selben gewaltet hat: ganz in gleichem Verhältniß soll uns ein schönes Gedicht entgegen treten, und wir dürfen durchaus nicht an die Schwierigkeit der Bildung erinnert werden. Dies würde unsere Freude an demselben stören.

II.

Zweige der Dichtkunst.

Jedes Volk hat von der Vorsehung eine Aufgabe erhalten, welche dasselbe in der Weltgeschichte zu lösen hat. Das griechische Volk wurde auserkoren, der Welt die Grundlage aller Bildung, nämlich Kunst und Wissenschaft, zu verleihen. Diese Bestimmung ist von demselben erfüllt worden, denn die griechische Kunst bleibt für immer das edelste und reinste Vorbild. Kein Volk der Erde hat sein geistiges Leben und die Eigenthümlichkeit seines Daseins vermittelst der Poesie so klar dargelegt, wie die Griechen es gethan haben.

Wenn dieses Volk die Kunst zu so hoher Blüthe entfaltete und für sich zum vollendeten Abschluß brachte, so lag die Ursache mit in der glücklichen Gestaltung seines öffentlichen und religiösen Lebens, welches die Entwickelung der Kunst zur Bedingung machte. Aus diesem Grunde wurden die verwandten Künste nicht getrennt ausgebildet wie bei uns: Musik und Dichtkunst blieben ebenso innig verbunden, wie die Baukunst, Malerei und Plastik. Alles war zu einem harmonischen Ganzen verschmolzen.

An die Geschichte der Weltschöpfung und der Gottheit knüpfte sich nämlich die Geschichte des Volkes, wie dieses bei allen Völkern im Alterthum der Fall war, und nirgends ist mit .

Bestimmtheit die Grenze zu ziehen, welche beide scheidet. In diesem Sinne gestaltete sich auch die Dichtkunst. Es liegt nicht in dem Zweck der gegenwärtigen Schrift, dies näher zu entwickeln, und wir begnügen uns daher mit der Andeutung, daß die Dichtkunst naturgemäß in drei Zweigen aufblühte, die mit **Lyra, Epos** und **Drama** bezeichnet werden.

Lyra.

Es ist außer allem Zweifel, daß die lyrische Dichtkunst die älteste ist, denn sie ist der unmittelbare Ausdruck des bewegten Gemüths. Die Sage der Hellenen führt daher rhythmische Rede, Melodie und Tonwerkzeuge auf die frühesten Namen lyrischer Dichter zurück, wenn sie dieselben nicht von Göttern ableitet.

Die Entwickelung der Musik können wir von der Entwickelung lyrischer Dichtkunst nicht getrennt denken: der ebenso empfängliche als schöpferische Dichtergeist des zum Bewußtsein gelangten Menschen bildete die rhythmisch-musikalische Form zugleich, um seiner Empfindung in Beziehung auf das Göttliche und die Außenwelt den entsprechenden Ausdruck zu geben. Das lyrische Gedicht war demnach ursprünglich eine musikalische Schöpfung: Inhalt, Melodie und der harmonische Klang der Saiten sind beim Vortrage gleichmäßig vernommen worden. In diesem Sinne haben die Griechen dem lyrischen Gedicht eine hohe Vollendung gegeben.

In neuerer Zeit hat sich die lyrische Dichtkunst von der Musik getrennt; hiedurch ist sie weit umfangreicher ausgebildet worden, allein die frühere musikalische Form wurde zugleich abgeworfen.

Der Dichter gestaltet in der lyrischen Poesie irgend einen Gegenstand zu einem abgeschlossenen Kunstwerk, in welchem seine Gedanken und Empfindungen in metrischer Rede Ausdruck empfangen, er entwirft somit ein Bild seines bewegten Inneren, seiner Individualität. Dieses Bild in Verbindung mit dem aufgegriffenen Gegenstand ist die Idee der Dichtung. Hieraus sieht man, wie unbegrenzt das Feld ist, auf welchem sich der Dichter bewegt. Die ganze Welt der Gottheit, die Geschichte der Menschen, die Verhältnisse, welche sich dieselben geschaffen, sowie die eigene Fülle der unbegreiflichen Seele bieten fort und immerfort die Stoffe dar; jeder günstige Augenblick bringt sie dem empfänglichen Geist entgegen, der sie sofort sinnig auffaßt und schöpferisch zum Kunstwerk gestaltet.

Das lyrische Gedicht ist folglich voll warmer Empfindung, niemals waltet in demselben die Ruhe der Objectivität, und hieraus ergiebt sich, daß der Inhalt keine zu breite Anlage empfangen darf. Alle Sätze sind kurz, die Begriffe werden in Bildern gegeben, und immer muß die hinreißende Rede bald leise, bald stürmisch die Bewegung des Gemüths verkünden. Es versteht sich, daß der Dichter im lyrischen Gedicht zugleich der volksthümlichen Empfindung Ausdruck verleihen und sorgsam bemüht sein muß, Form und Inhalt der Dichtung harmonisch zu gestalten. Wird die poetische Rede vom Klange der Saiten begleitet, so bekundet das Gedicht seinen vollen Zauber: die Worte kleiden sich in Klangfiguren und die Rede wird Melodie.

Obgleich die Begeisterung des lyrischen Dichters uns den Spiegel seiner Seele zeigt, so kann derselbe in seinen Dichtungen auch eine reflectirende Richtung nehmen, wo alsdann seine Individualität zurücktritt. Dies ist im Lobgedicht der Fall, und zwar vorzugsweise in Beziehung auf das Göttliche. Hier kann die lyrische Dichtung objectiv gehalten werden, denn die Darstellung wird bereits plastisch, und die Stimmung des dichtenden Gemüths tritt folglich in den Hintergrund.

Epos.

Das Epos ist die Erzählung einer vollständigen Handlung, die Anfang, Mitte und Ende hat. Die Erzählung kann ebensowohl tragisch als komisch gehalten werden. Der Plan muß demnach dramatisch eingerichtet und die Rede metrisch sein. Die Form oder das Metrum der letzteren darf nicht geändert werden. Wird die metrische Rede geändert, so muß das Gedicht selbstverständlich in verschiedene Theile zerfallen, wenn auch die Handlung fortgeführt wird; somit würde die Einheit des geistigen Organismus gestört werden. Wohl wird eine größere Dichtung in Abschnitte, nämlich in Gesänge getheilt, allein hiedurch wird die organische Einheit nicht aufgehoben. Der Dauer der Erzählung sind keine bestimmten Grenzen gesetzt, doch muß man dieselbe als ein Ganzes mit geistigem Blick überschauen können. Der Dichter kann die historische Wahrheit entfernen und das Wunderbare walten lassen, indem man die handelnden Personen nicht vor Augen hat. Der Ausdruck muß geschmückt sein, sobald die Handlung nicht lebhaft fortschreitet. Jede Erzählung erfordert Ruhe, folglich muß die Dichtung objectiv gehalten werden.

Die Idee, welche die Erzählung zum Ausdruck bringt, darf nicht den Mittelpunkt bilden, um welchen sich die Handlung bewegt; daher darf die Idee nicht immer in der Erzählung gegenwärtig sein, sondern es muß Ausbreitung über größere Flächen stattfinden. Würde die Idee als Mittelpunkt hingestellt, um welchen sich die Handlung bewegen muß, so müßten der Handlung und folglich auch der Erzählung bestimmte Grenzen gezogen werden. Hiedurch würde die Dichtung ihren schönsten Schmuck verlieren. Es ist einleuchtend, daß der Dichter völlige Freiheit behalten muß, seiner Erzählung eine umfangreiche Anlage zu geben, wenn derselbe uns Thaten hervorragender Geister mit ihren wichtigen Folgen als abgeschlossene Handlung vorführt, oder in einem schönen Bilde der Phantasie uns eine große Summe tiefer Gedanken aufschließt. Deßhalb findet auch die Episode oder die eingeflochtene Nebenhandlung im Epos ihren würdigen Platz, jedoch muß sie mit der Handlung in Verbindung stehen; alsdann verleiht sie der Dichtung Mannigfaltigkeit und erhöht die Schönheit derselben.

Die Thaten des eigenen Volkes müssen uns höheres Interesse einflößen als die Thaten eines fremden Volkes; folglich muß der Schöpfer epischer Dichtungen uns ebenfalls höheres Interesse erwecken, wenn derselbe Thaten erzählt, die von Helden des eigenen Volkes geübt wurden und mit dem geistigen Leben desselben innig verflochten sind.

Da die Handlung aus dem Willen der Menschen hervorgeht, also mit Bewußtsein geübt wird, so hat der Dichter uns die Gesetzmäßigkeit der Gedanken und Empfindungen, nämlich das Innere der handelnden Personen, in der Erzählung aufzuschließen; außerdem vermöchten dieselben keine Theilnahme zu erwecken. Es müssen ferner auch die Motive dargelegt werden, welche zur Handlung treiben. Das Interesse wird erhöht, wenn die Eigenthümlichkeit, nämlich der Character, der handelnden Personen vom Dichter gezeichnet wird. Diese Bedingungen können nur dann vernachlässigt werden, wenn die Erzählung sich von der Wahrheit entfernt und das Gebiet des Wunderbaren betritt.

Die epische Dichtung ist als tragisch zu bezeichnen, wenn dieselbe uns geistige Größen vorführt, welche handelnd sowohl das eigene Schicksal, als auch das Schicksal anderer Menschen begründen; sie ist ferner tragisch, wenn sie uns die nothwendige Folge einer gewaltigen Handlung darstellt, daß wir hierin das Gesetz einer ewigen Weltordnung erkennen. Somit beschränkt sich der Begriff des Tragischen nicht auf den unglücklichen Ausgang einer Katastrophe, welcher durch einen Conflict herbeigeführt wurde. Der griechische Dichter Homer war ein Tragiker; derselbe hat große Charaktere gezeichnet.

Da die epische Dichtung uns handelnde Personen vorführt, so ist sie in der Darstellung plastisch. Deshalb bietet sie der bildenden Kunst so reichliche und schöne Stoffe zu neuen Schöpfungen dar. Die Schaffung des epischen Gedichts erfordert bereits einen hohen Grad poetischer Selbstverläugnung, denn der Dichter muß sich in seinen Gegenstand versenken und sich selbst vergessen. Das Epos ist folglich später als die lyrische Dichtkunst ausgebildet worden. Schon dessen Vortrag setzt unbedingt lyrische Entwickelung voraus.

Drama.

Wir können keine Geschichte dieser Dichtung geben und müssen uns mit der kurzen Bemerkung begnügen, daß das griechische Drama aus dem Dithyrambus hervorgegangen ist; derselbe war ein Hymnus, welcher dem Dionysos oder Bacchus zu Ehren durch Chorgesang vorgetragen wurde. Später verband man mit dem Gesang mimische Darstellung und Rede, und auf diese Weise wurde nach und nach das griechische Drama als religiöses Festspiel ausgebildet. Die Dichtung ruhte demnach auf religiösem Untergrunde, und nur die Handlung war mit dem realen Leben verschmolzen worden.

Das neuere Drama hat das reale Leben, nämlich die politischen und socialen Zustände unseres Volkes, zum Untergrunde empfangen; der Mythus fehlt uns und die Darstellung ist kein religiöses Festspiel. Die Dichtung hält also der Welt einen Spiegel hin, damit sie in demselben ihre Zustände und Handlungen erkenne.

Drama bedeutet Handlung: hiermit ist der Begriff der dramatischen Dichtkunst bereits festgestellt. Der Dichter führt uns im Drama freie Wesen in einer bestimmten Situation des Lebens vor. Freie Wesen besitzen jedoch verschiedene Charaktere, die bestimmte Situation des Lebens wird daher zur Ursache, daß dieselben verschiedenen Zweck verfolgen und nach verschiedenem Ziele streben: folglich müssen die Handlungen zu Verwickelung und Konflicten führen, welche ihren nothwendigen Schluß in einer Katastrophe finden. Der Dichter hat Obiges zu einem abgeschlossenen Kunstwerk zu bilden, welches eine sittliche Idee zur Anschauung bringt. Das Drama muß deshalb im Dialog geschrieben und durch lebende Personen dargestellt werden.

Da der Dichter im Drama eine sittliche Idee zur Anschauung

bringt, so geht hieraus hervor, daß diese Idee den Mittelpunkt bildet, um welchen sich die Handlung bewegt. Dies wird durch die Darstellung der Dichtung bedingt. Die sittliche Idee kann jedoch nur durch den Kampf zweier Partheien zur Anschauung gebracht werden, welche, durch die Situation des Lebens veranlaßt, nach zwei verschiedenen Zielen streben und sich als Gegensatz feindlich gegenüber stehen. Aus diesem geistigen Kampfe geht die Idee der Dichtung hervor, und da dieselbe sittlich ist, so muß folgerichtig auch aus dem Ende des Kampfes das Gesetz ewiger Weltordnung hervorgehen.

Es leuchtet ein, daß die Idee des Drama dem Leben der Menschen entnommen werden muß, denn nur durch das wirkliche Leben kann uns das Gesetz ewiger Weltordnung offenbart werden. Hat der Dichter dieses nicht beachtet und führt er uns ein Gebilde seiner Phantasie vor, wie Schiller dies in der „Braut von Messina" gethan hat, so ist das Drama als verfehlt zu betrachten, wenn dasselbe auch noch so reich mit poetischer Schönheit geschmückt wurde. Neuere Dichter haben sogar das Lied der Nibelungen, welches auf mythologischem Untergrunde aufgebaut wurde, zu einem Drama gestaltet und hiedurch den gänzlichen Mangel an dramatischem Verständniß bekundet.

Fassen wir das Angedeutete zusammen, so erkennen wir, daß beim Schaffen eines Drama drei Bedingungen walten:
1) Die sittliche Idee ist hinzustellen, welche das Leben der Menschen zu spiegeln hat und folglich demselben entnommen werden muß.
2) Diese Idee wird durch den Kampf zweier Partheien zur Anschauung gebracht.
3) Durch die nothwendige Folge der Handlung muß das Gesetz ewiger Weltordnung offenbart werden.

Die Dichtung zerfällt in Tragödie und Komödie, die wir Trauerspiel und Lustspiel nennen. Die Griechen sind von diesem bestimmten Unterschiede nicht abgewichen. In der

Tragödie, zu welcher wir uns zuerst hinwenden, wird ein Held der Dichtung hingestellt, den die Nemesis ereilt, weil derselbe in Folge seines eigenthümlichen Characters und durch den erwachten Conflict getrieben, entweder vom Pfade der Tugend abweicht; oder nach verwerflichem Ziele strebt, weil er der Versuchung unterlegen; oder auch beim gewaltigen Ringen nach einem hohen Ziele der Leidenschaft folgt. Hiedurch wird der Kampf der Gegenparthei hervorgerufen. Der Held darf somit weder ein Muster der Tugend, noch ein vollendeter Bösewicht sein, denn wir müssen von der Fülle seines Inneren gefesselt werden und ihm dieserhalb die innigste Theilnahme schenken. Einem wirklichen Bösewicht können wir keine Theilnahme widmen. Unbedingt ist die Dichtung aber auch verfehlt, sobald der Held ein vollkommenes Muster der Tugend ist und als Opfer der Gegenparthei unterliegt, denn immer muß das Gesetz des sittlichen Lebens erkannt werden, welches ebenso strenge als gerecht richtet und als Schicksal, nämlich als nothwendige Folge der geübten Handlung, hervortritt.

Die höchste Vollendung erhält jedoch die Tragödie, wenn beide Partheien sittliche Berechtigung zum Kampfe haben. Bei der Verschiedenheit der Charactere muß bei denselben folgerichtig Disharmonie stattfinden; ruft die Situation des Lebens Charactere voll Disharmonie zum Kampf, so geht alsdann aus dieser inneren Disharmonie der handelnden Individuen die schönste Harmonie der Dichtung hervor. Dies erkennen wir in „Julius Cäsar" von Shakespeare. Fehlt der einen Parthei die sittliche Berechtigung zum Kampf, so wird der Dichter häufig verleitet, unser natürliches Gefühl durch entsetzlichen Mord zu verletzen, wie dieses in „Emilia Galotti" von Lessing, im „Othello" von Shakespeare und in vielen anderen Tragödien der Fall ist.

Der Mensch besitzt Geist mit Willenskraft, aus dem Willen entspringt die Handlung, die mit vollem Bewußtsein geübt wird. Die Handlung in der Tragödie ist daher keine zufällige Begebenheit, sondern innere Nothwendigkeit, die durch die Selbständigkeit des Characters geboten wird. Allein der Geist stößt auf Hindernisse, feindliche Mächte treten ihm entgegen, es entwickeln sich Conflicte, aus welchen nothwendig die Katastrophe hervorgeht: somit entspringt die eine Handlung in richtiger Folge aus der anderen.

Der Dichter zeichnet also einen Character, welcher entweder nach edlem oder verwerflichem Ziele strebt, oder der sowohl zufolge seiner Eigenthümlichkeit als auch aus Irrthum auf dem Pfade des Fehls wandelt, und legt hiemit seiner Dichtung eine sittliche Idee zum Grunde. Die ganze Fülle und Tiefe der menschlichen Seele muß daher aufgeschlossen und die Ursache zur Handlung klar entwickelt werden: wir müssen die Seele beim Aufquellen der Gedanken förmlich belauschen können. Jede innere Regung, der leiseste Zweifel sowohl als die Gewalt der Leidenschaft, muß voll Klarheit dargelegt werden, jedes Wort muß uns einen Blick in die geistige Gesetzmäßigkeit gewähren und zugleich die ewige Ordnung der Gedanken und Empfindungen offenbaren. Der ganze Mensch wird hingestellt mit allem, was ihn bewegt und leitet.

Der Inhalt der Tragödie ist somit dem Leben der Menschen entnommen, darf jedoch keine Darstellung des gewönlichen Lebens sein. Dies würde den Begriff einer Dichtung aufheben, welche einer Idee Ausdruck verleiht. Da der Inhalt jeder Dichtung mit dem Denken und Empfinden des Volkes innig verschmolzen sein muß, so hat der Inhalt der Tragödie nicht das vergangene Abgelebte, sondern nur das Lebendige der Gegenwart zur Anschauung zu bringen, und die historische That der Vergangenheit muß demnach stets im Inneren ein freudiges Echo hervorrufen. Stets sind die sittlichen Zustände unseres Volkes mit dem religiösen Empfinden innig verbunden, die Tragödie entfaltet also vor uns das Tiefste und Heiligste, was uns bewegt und beherrscht. Sie zieht den geheimnißvollen Schleier hinweg von den Banden, welche unsere Zustände umschlingen, und zeigt uns folglich im geistigen Spiegel unser Handeln, Denken und Empfinden. Hieraus geht die hohe Bedeutung der Dichtung hervor, welche ihren Ursprung in der Freiheit des denkenden Geistes hat und alles, was den sittlichen, zur vernünftigen Freiheit gelangten und folglich selbstbewußten Geist bewegt, in athmenden Gestalten und in der Gegenwart handelnd vorführt. Der dramatische Dichter stellt eine Idee vermittelst sinnlicher Handlung hin, verschlingt beide in einander zum abgerundeten Kunstwerk und bringt hiedurch die Idee zur klaren und vollständigen Anschauung. Da diese Idee nicht willkürlich erfunden werden darf, so muß dieselbe historische Grundlage haben; diese Grundlage bilden die sittlichen, politischen und gesellschaftlichen Zustände eines Volkes in der Vergangenheit und in der Gegenwart, denn die Gegenwart ist historisch wie die Vergangenheit. Der Dichter sieht hierbei über das Einzelne hinweg, faßt jedoch die Zustände nicht allein von der sittlichen Seite auf, sondern stellt zugleich das Aeußerliche im Staat und im Leben des Volkes hin. Der Grieche verlieh hiedurch seinen Dramen den Zauber der Volksthümlichkeit bis zur wundervollsten Vollendung.

Nicht alle Zustände eignen sich indessen zur dramatischen Behandlung; die Ruhe des patriarchalischen Lebens und des Despotismus bieten keine Stoffe dar, denn hier fehlt die belebende Freiheit. Nur freie Geister kämpfen gegen Uebergriffe, Vorurtheile, Erbfolge oder gegen besondere Umstände, nur freie Geister treten ihnen entgegen. In der Situation werden die Gegensätze hingestellt, die wirkliche dramatische Handlung beginnt jedoch erst mit dem Kampf, welcher die Zwecke desselben darlegt, die selbstverständlich der sittlichen Berechtigung nicht entbehren können. Die Situation muß dem Helden der Dichtung Spielraum gewähren, alle Kraft des Geistes entfalten zu können, mit welcher er ohnmächtig gegen die ewige Weltordnung ankämpft. Aber auch der Gegensatz, welcher die Collision herbeiführt, muß seine Berechtigung haben, denn die handelnden Personen sollen unser Interesse in Anspruch nehmen; wir würden uns unwillig von der nackten Bosheit oder der eitlen Thorheit abwenden. In lebensvollen Individuen müssen die Zwecke, welche verfolgt werden, die warme Glut der Leidenschaft anfachen, die ihren Ausdruck durch das Pathos empfängt, welches immer das Sittliche für sich hat und weder auf wilder Kraft oder Eigensinn, noch auf kalter Ueberzeugung beruht.

Wenn jedoch das Angedeutete das Sittliche des Wesens verkündet, so würde immer noch nicht der Mensch in der Fülle und Mannigfaltigkeit seines Denkens, Empfindens und Wollens als lebendiger Organismus hervortreten, immer würde die Gestalt der geistigen Frische entbehren und hohl bleiben, wie sie unsere dramatischen Schriftsteller uns nur zu oft vorführen. Es muß der Character hinzutreten, dieser allein bildet den ganzen Menschen, dieser allein verleiht der Handlung den wahren Zauber. Der Character muß aber immer in Harmonie mit der Dichtung hervortreten, das Pathos muß sich in einem bestimmten Zuge darstellen, der zur Handlung treibt; die übrigen Züge müssen zurück treten, doch immer muß der gezeichnete Mensch seine Freiheit behalten, um sich vielseitig, nämlich in der Fülle seines Inneren, entfalten zu können. Auf diese Weise zeichnet der ächte dramatische Dichter uns Menschen, welche die sittliche Handlung plastisch darstellen, gleich Helden über uns hervorragen und den ganzen Inhalt des geistigen Lebens kundgeben, welcher außerdem nur vertheilt im Volke gefunden wird.

In der Tragödie ist demnach ein Held der Handlung hinzustellen, denn solcher Reichthum kann nicht zugleich auf mehrere Personen übertragen werden. Der Dichter bekundet falsche Anschauung, wenn derselbe mehrere Personen, Familien oder gar Körperschaften als Helden hervortreten läßt.

Nach dem Gesagten leuchtet ein, daß die Tragödie Volksthümlichkeit besitzen und deshalb auf heimathlichem Boden aufblühen muß. Jedes Volk hat seine eigene Geschichte, Sitte und Sprache, folglich auch eigenes Denken und Empfinden, sobald solches hierauf Bezug hat. Wir begreifen dieses mit dem Worte „Nationalität." Der Schöpfer einer Tragödie darf den heimathlichen Boden nur verlassen, um Zustände und Thaten eines fremden Volkes, welche die Welt berühren, als Spiegel hinzustellen, wie dieses in der Tragödie „Julius Cäsar" von Shakespeare der Fall ist. Die sittlichen Mächte, welche unsere Brust durchglühen, das Leben des Volkes regieren und die Gegenwart geheimnißvoll bewegen und zusammenhalten, wie die Verhältnisse des Staates und des Vaterlandes, Macht und Ruhm, Freiheit, Ehre und Liebe; ferner die volksthümliche Empfindung, welche in der lyrischen Dichtkunst tönt; die heiligen Klänge der Sage aus der fernsten Vergangenheit und die laute Kunde der historischen That, die der Geist des Volkes geschaffen: alles dieses soll in der Tragödie als Echo wiederhallen, die Heldengestalt soll es denken, athmen und empfinden. Die dramatische Muse lächelt deshalb nur dem freien Volk, dessen Geist zum Denken erwachte und das sich seiner Zustände durch Betrachtung bewußt wurde, dessen politisches Leben Reife empfing. Ein unfreies Volk kann höchstens die Komödie in bestimmter Begrenzung zur Entwickelung bringen. Verläßt der Dichter mit seiner Schöpfung die Heimath und begiebt er sich auf fremde Gebiete, so muß er sich in fremde Zustände hineindenken, die ohne umfassende Kenntnisse der Geschichte nicht begriffen werden; verleiht er alsdann den handelnden Personen der Dichtung Sitte, Denken und Empfinden seines eigenen Volkes, so wird er Verhältnisse und Zustände verschmelzen müssen, die sich widerstreiten. Dies haben unsere neueren Dichter bewiesen, die aus Mangel an dramatischem Verständniß die Heimath mieden und den Untergrund ihrer Schöpfungen sogar nach Indien verlegten.

Die Tragödie ist eine organische Einheit: nur eine Handlung darf alle Theile durchlaufen, die nur einer Idee Ausdruck

verleiht; die einzelnen Scenen mit ihren Handlungen bleiben
dem Ganzen untergeordnet. Niemals darf diese eine Hand=
lung zwei Ideen verkörpern, niemals darf diese eine Idee
zwei neben einander fortgehende Handlungen rechtfertigen wol=
len. Wohl sind Episoden gestattet, die sogar die Schönheit
der Dichtung erhöhen können; sie dürfen jedoch nur selten einge=
flochten werden, müssen kurz sein und immer mit der Hand=
lung und folglich mit der Idee in innigster Harmonie stehen.
Mag die Summe der Gedanken und der Reichthum des geisti=
gen Lebens in einer Tragödie noch so groß sein, so darf die
Idee der Dichtung niemals in ihrem Fortgange gehemmt werden.
Diese Totalität, die alles innerlich bedingt und Zweck, That und
Erfolg aus sich hervorgehen läßt, ist die Einheit der Handlung.
Die gewaltige Tragödie ist deshalb auch die höchste Schöpfung
des menschlichen Geistes, denn es ist außer der Schöpferkraft
ebenso große Freiheit als klare Besonnenheit erforderlich, die
selbstbewußte That in ihren nothwendigen Folgen als schönes,
vollendetes Kunstwerk aufzubauen.

Die einheitliche Handlung der Tragödie muß jedoch selbst=
verständlich Anfang, Mitte und Ende haben, und diese sind die
Stadien ihres Verlaufs, die Exposition, Verwickelung und Ka=
tastrophe genannt werden. In der Exposition hat uns der Dich=
ter ungezwungen die Situation darzulegen und uns mit den
Verhältnissen vertraut zu machen, zugleich auch die Gegensätze
klar zu zeichnen, aus denen die Handlung hervorgehen muß.
Unmerklich und fast unbegreiflich hat er uns sofort mit der
früheren Geschichte der handelnden Personen bekannt zu machen,
denn aus dieser muß die folgende Handlung als innere Noth=
wendigkeit entspringen. Hieburch wird die Idee des Ganzen
gegeben. Die Exposition muß daher ganz durchsichtig sein und
historische Anschauung gewähren, doch immer hat der Dichter
die Erzählung zu vermeiden und alles durch Handlung anzu=
deuten.

Die Verwickelung oder der Kampf der Gegensätze, der

aus der Situation hervorgegangen, führt die streitenden Mächte zusammen und bildet die Mitte der Handlung. Hiebei hat der Dichter sich wohl zu hüten, die Fäden nicht so verworren zu schlingen, daß hiedurch die Harmonie der geistigen Thätigkeit gefährdet würde. Die Idee mit ihren sittlichen Gegensätzen muß immer ganz plastisch hervortreten, die Aufmerksamkeit des Verstandes darf durch keine wirre Verschlingung der Verhältnisse abgelenkt und somit gestört werden. In diesem Theil der Tragödie werden Gedanke und Wille entfesselt; sie sind zur That bereit, die gegenüber stehende Macht erhebt sich gleichfalls und das Individuum bietet seine ganze Kraft auf, um den Gegner zu besiegen und die eigene Freiheit zu bewahren. Darstellung und Sprache müssen daher volle Kraft und Frische des Lebens entwickeln, um der Eigenthümlichkeit des Characters den lebendigsten und klarsten Ausdruck zu verleihen. Das Pathos muß der wogenden See gleichen, welche jede Hemmung zertrümmern will, denn alle Gewalten des Geistes, ruhige Ueberlegung, glühende Empfindung und Leidenschaft vereinigen sich zur Totalität, um den ganzen Menschen in seiner reichen Fülle zur Anschauung zu bringen.

Die Katastrophe mit der Auflösung des Kampfes bildet den dritten Theil der Handlung und somit den Schluß, indem über Wille und That der Menschen nach ewigen Gesetzen der Weltordnung gerichtet wird. Kein Zufall, kein unerwartetes Ereigniß darf die Katastrophe herbeiführen; sie muß sich als Nothwendigkeit aus der Handlung entwickeln und durch Mittel gebildet werden, die nicht allein im Kreise der Möglichkeit ruhen, sondern auch den Mächten dienstbar sind, die das Leben regieren. Die Gottheit hat zu richten als sittliche Macht und zugleich als Macht des Gemüths, die innerlich wirken und über uns gebieten.

Die Tragödie hat noch eine zweite Einheit, nämlich die Einheit der Zeit. Hiemit begreifen wir jedoch nicht die Abwickelung der Handlung in dem bestimmten Zeitraum einiger

Stunden, sondern den Fortgang der Handlung selbst ohne Unterbrechung. Immer muß sich die folgende Scene naturgemäß aus der vorhergegangenen entwickeln, es dürfen keine Unterbrechungen stattfinden. Sind zwischen den Scenen Räume der Zeit bemerkbar, die uns auffallen, so bekunden sie die Schwäche des Dichters, der dem kunstvollen Aufbau seines Werkes nicht gewachsen war.

Die Griechen fügten noch eine dritte Einheit hinzu, nämlich die des Raumes: die Tragödie bestand nur aus einem Act ohne Veränderung der Oertlichkeit. Hiedurch empfing die Form eine vortreffliche Abrundung, deren Schönheit noch ein Chor erhöhte, welcher durch lyrischen Gesang in schwungvollen Versen das sittliche Bewußtsein des Volkes ausdrückte. Die Handlung verließ niemals den heimathlichen Boden und brachte die höchsten Ideen sowie das innere Leben der Griechen zur Anschauung. Situation und Verwickelung waren ganz einfach angelegt. Die Zahl der handelnden Personen war gering, allein diese sind so durchsichtig und bestimmt gezeichnet, daß selbst das Innere sichtbar hervorzutreten scheint. Die ganze Form ist immer plastisch und selbst der Geist des Chors tritt uns verkörpert entgegen. Es ist indessen wohl zu beachten, daß die griechische Tragödie aus der lyrischen Dichtkunst hervorgegangen ist, und daß sie auf mythologischem Untergrund ruhte, weshalb die Handlung auch das Walten des Schicksals nach damaliger Anschauung zum Ausdruck brachte. Unser Leben hat andere Formen angenommen, als es bei den Griechen der Fall war, somit müssen auch unsere Dramen andere Formen empfangen. Hiezu kommt noch, daß unser inneres Leben größeren Reichthum besitzt und die Anschauung der Welt weit umfangreicher geworden ist; unsere Dichter können daher eine gewaltige Idee unmöglich in einem so engen Rahmen einschließen, wie die Griechen es vermochten. Vergebens hat man sich bemüht, an der griechischen Einheit festzuhalten, und ebenso vergebens bemühte sich Schiller, den Chor wieder einzuführen.

Der dramatische Dichter hat völlig Recht, Raum und Zeit als Mittel zu benutzen, die seiner Idee dienen müssen, denn diese allein ist die gesetzgebende Macht, welche sich alles Uebrige unterordnet. Der Wechsel des Ortes darf jedoch niemals auffällig erscheinen, auch hier ist natürliche Folge zu beachten. Entwickelt sich in der Tragödie jede Scene bei breiter Anlage richtig aus der vorhergegangenen, so wird sich die Dichtung unbedingt trefflich abrunden und könnte sodann ebenfalls in einem Acte zur Darstellung gebracht werden. Hienach hat der Dichter zu streben.

Die Tragödie ist eine Dichtung, deren Darstellung eine Idee zur Anschauung bringen soll, die Sprache der handelnden Personen muß folgerichtig auch ideal sein. Das Kunstwerk entwickelt uns das innere Leben geistiger Menschen, es ist keine Copie des gewöhnlichen Lebens, und somit darf auch die Sprache keine Copie der gewöhnlichen Sprache sein. Dieses ist nur in äußerst seltenen Fällen gestattet, um Komik einzuflechten. Die Rede ist das vorzüglichste Mittel der Darstellung, der Geist wird durch das Wort verkörpert, folglich muß das Wort der Ausdruck des Inneren, es muß die That sein. Das Unwesentliche muß stets aus der Rede entfernt werden, dieselbe soll ihre tiefere Bedeutung bekunden, nämlich den ganzen Menschen darzulegen. Jedes Wort muß berechnet sein, das Innerste aufzuschließen: Gefühl und Leidenschaft, selbst die leisen Regungen des Gemüths, müssen stets ihren bestimmten Ausdruck empfangen. Allein wie sehr die Rhetorik auch Reichthum und Glanz hinstellen mag, indem sie vom Ausdruck des nüchternen Verstandes bis zum Pathos der Leidenschaft aufsteigt: niemals darf vergessen werden, daß die Rede der freien und geistigen Menschen einem bestimmten Zweck dienen müsse. Daher ist alles Ueberflüssige und Weitschweifige zu vermeiden; das Aufquellen der Empfindung, sowie Ueberlegung und Entschluß dürfen nicht durch lange Reden logisch entwickelt werden, sondern sie müssen aufglühen gleich dem Feuer, welches rasch und lebendig aus dem zündenden Funken entsteht.

Klar und bestimmt muß die Rede die Energie des Characters verkünden, mit welcher sich derselbe bei der Handlung der übrigen Personen betheiligt, klar und bestimmt muß die Rede den Character selbst und dessen innere Bewegung verkünden. Die geistige Totalität darf niemals in der besonderen Stimmung verloren gehen. Der Dichter hat deshalb zu vermeiden, daß sich die Empfindung in Strömen ergieße und die Reflexion sich in Erörterungen erschöpfe. Keine Rede darf die Absicht verkünden, den Zuschauer mit den obwaltenden Verhältnissen bekannt zu machen.

Der Anschauung der Griechen gemäß gehört der Vers der Dichtkunst, die Form der griechischen Tragödie war deshalb metrisch. Immer wird diese Form durch ihre Würde und Gesetzmäßigkeit die richtige für jede ideale Schöpfung bleiben. Neuere Dichter wechseln indessen in ihren Tragödien mit der metrischen und prosaischen Rede, oder sie haben die metrische Form ganz weggeworfen, sobald die Dichtung sich in der Gegenwart bewegt. Die Formen unseres modernen Lebens sind allerdings zu nüchtern, um die metrische Rede gestatten zu können, hier muß sie wegfallen. Auch bei historischen Tragödien kann diese Bedingung eintreten, es kommt immer darauf an, welche Idee zur Anschauung gebracht wird. Der wirkliche Dichter ist völlig befähigt, selbst der prosaischen Rede Schönheit zu verleihen.

Wir wollen jetzt zwei Tragödien einer kurzen Beurtheilung unterwerfen. Blicken wir auf Schiller's „Braut von Messina" hin, so erkennen wir, daß der Untergrund dieser Dichtung in der Luft schwebt und die handelnden Personen in die nackte Allgemeinheit versetzt worden sind. Demgemäß besteht die Idee der Tragödie auch in der Erfüllung einer Prophezeihung: diese hat den Aufbau bedingt. Es ist irrig, daß die letzten Verse der Dichtung die Idee verkünden, denn in solchem Falle mußte sich die Handlung um diese concentriren. Allein beide Brüder hassen sich, damit die Prophezeihung in Erfüllung gehe. Aus gleichem Grunde lieben Beide die ungekannte Schwester, und aus gleichem Grunde wird der entsetzliche Brudermord geübt. Die grausige That muß unser Inneres bei unbefangener Wägung förmlich in Aufruhr bringen, und wir erkennen hieraus, wie leichtfertig die Dramatiker zuweilen mit dem Morde umgehen. Wenn diese verfehlte Tragödie gleichwohl bei uns so große Anerkennung gefunden hat, so ist die Ursache einzig in dem großen Reichthum lyrischer Schönheit zu suchen, womit sie so wundervoll geschmückt ist.

Werfen wir nun einen Blick auf Göthe's „Egmont". Die Ermordung dieses Edlen durch Herzog Alba bildet die Idee der Tragödie. Es tritt uns sofort die Unmöglichkeit entgegen, diese Idee im Anfang der Dichtung hinstellen zu können, folglich konnte die Idee nicht Schöpferin der Handlung und nicht immer in derselben gegenwärtig sein, denn der Untergang Egmont's ist nicht nothwendige Folge frei geübter Handlung, sondern vorher gefaßter und geheim gehaltener Beschluß der Tyrannei. Aus obigem Grunde entbehrt die Tragödie der Totalität, welche alles innerlich bedingt und Zweck, That und Erfolg aus sich hervorgehen läßt. Die Dichtung mußte sich episch entfalten und ist nur eine Erzählung in dramatischer Form. Die Handlungen der Scenen konnten sich nicht als nothwendige Folge entwickeln, sondern sie zeichnen nur die Situation. Die Nebenhandlung mit Klärchen, deren Mutter und Brakkenburg konnten ebenfalls keine Beziehung zur Idee der Tragödie empfangen, sie dient nur zur Zeichnung von Egmont's Character. Es entwickelt sich ferner kein Kampf der Partheien; dieselben berühren sich nicht, und die Personen können deshalb ihren Willen nicht durch die That zum Ausdruck bringen. Nur Herzog Alba tritt handelnd auf. Allein der Untergang des Opfers war beschlossen, Alba's Wille erwacht daher nicht im Begegnen mit Egmont, und die Unterredung Beider ist bedeutungslose Form. Aus diesem Grunde geht auch das Gesetz ewiger Weltordnung aus der Dichtung nicht hervor, wir empfinden Groll über das unsittliche Triumphiren Alba's, welcher durch den Schluß der Dichtung, nämlich durch Hinweisung unserer Phantasie auf die Scene der Hinrichtung, noch vermehrt wird. Wir empfinden sogar Groll über Egmont's Leichtsinn, daß er den Rath Oraniens nicht beachtet. Weder die Theilnahme, welche Alba's Sohn dem Egmont beweiset, noch die Erscheinung des Traumes mit dem Hinweis auf die Zukunft vermögen den gerechten Unmuth zu besänftigen. Quillt im Inneren die Beruhigung auf, so geht dieselbe nicht aus der Dichtung, sondern aus unserer historischen Kenntniß hervor, und die Tragödie kann daher nur als ein Vorspiel einer größeren Tragödie betrachtet werden, in welcher der gewaltige Kampf um Freiheit mit seinen nothwendigen Folgen dargestellt wird.

Durch die Beurtheilung obiger Dichtungen haben wir den Beweis geben wollen, daß die Idee den Aufbau einer Tragödie bedingt, und daß der Genius bei verfehlter Idee niemals ein vollendetes Kunstwerk zu schaffen vermag.

Wir wenden uns jetzt zur Komödie hin. Dieselbe hat ebenfalls ihre tiefe Bedeutung, indem sie Fehler, Schwächen und thörichte Bestrebungen der vernünftigen Handlung gegenüber stellt und somit dem Gelächter preisgiebt. Sie hat die bunte Mannigfaltigkeit des gegenwärtigen Lebens und die Widersprüche desselben in scherzhafter Weise darzulegen, indem Charactere hingestellt werden, welche beim Verfolgen ihrer besonderen Zwecke und Interessen gegen herrschende Sitten oder gegen das Wahrhafte ankämpfen und hierdurch lächerlich werden. Immer muß jedoch die Vernunft oder die sittliche Berechtigung ihre Anerkennung empfangen, wenn solches auch nur negativ geschieht, denn sonst würde der Thorheit diese Berechtigung zu Theil werden. Handlung und Verwickelung der Komödie beruhen deshalb auf dem Character, dieser muß in voller Eigenthümlichkeit und Lebensfrische geschildert werden. Allein nur wirkliche Dichter sind befähigt, den Character zu zeichnen; daher vertritt die Intrigue häufig die Stelle desselben, die jedoch nur dann Werth erhalten kann, wenn der Character durch dieselbe zur wirklichen Erscheinung gelangt.

Es ist selbstverständlich, daß die Komödie ebenfalls ganz volksthümlich gehalten sein muß. Wie die gewaltige Tragödie soll die heitere Dichtung die sittlichen Mächte, welche unser Leben regieren, die lyrischen Klänge, die geheiligte Sage und die stolze Kunde der historischen That als Echo an unser Ohr tragen, wenn ihre Gegenwart voll Widerspruch und sprudelnder Laune unsere tiefere Empfindung vom Ernst des Lebens entführt, indem uns die unerschöpfliche Fülle des Frohsinns aufgeschlossen wird.

Die Komödie hat übrigens eine weitere Berechtigung, dieselbe kann uns auch Personen in einer bestimmten Situation des Lebens vorführen, welche im Verfolgen ihrer Zwecke nicht gegen das Wahrhafte verstoßen und folglich nicht lächerlich werden; dann ist es aber nothwendig, daß die heitere Dichtung öfter einen Anflug ernster Stimmung empfange, obgleich der Frohsinn stets vorwalten muß. Solche Komödien besitzen wir von Lessing und Göthe. Der dramatische Dichter kann aber auch ein Bild seiner Phantasie zur Komödie gestalten, und in demselben das Wunderbare wie im Epos walten lassen, allein in diesem Falle muß die Idee des Ganzen sehr interessanten Bezug auf die Gegenwart haben; in einer solchen Komödie kann die Satyre fast auf harmlose Weise zur Anschauung gebracht werden.

Für den Aufbau der komischen Dichtung als organische Einheit gelten dieselben Gesetze, die wir für die Tragödie ausgesprochen haben. Die Griechen verliehen ihren Komödien noch den Schmuck der Parabase, nämlich der Mitbetheiligung des Chors. Dieses Wort hat eigentlich eine dreifache Bedeutung. Erstens bezeichnete man damit das Erscheinen des Chors, welcher nach dem ersten Abschnitt, nach dem Kommation auftrat und sich sodann vor den Zuschauern in Gruppen gliederte. Zweitens wurde damit auch ein Vortrag des Chors bezeichnet, welcher von der Komödie unabhängig ist und als eine Art religiösen Festspiels betrachtet wurde, worin in ältester Zeit eigentlich der Zweck des Erscheinens lag. Diesen Vortrag bildeten sieben Abtheilungen, nämlich Kommation, Parabase in engerer Bedeutung mit dem Makron oder Pnigos, Ode oder Strophe, Epirrhema, Antode oder Antistrophe, Antepirrhema und Schluß. Drittens bezeichnete das Wort Parabase den ersten Abschnitt des Vortrags, der dem Chor anheimfällt, in welcher der Dichter als Führer des Chors selbst zu den Zuschauern spricht oder von sich sprechen läßt. Diese Rede wurde auch Anapästos genannt, weil sie in Anapästen geschrieben war. Sie endete mit einem ganz kurzen Liedchen. Es versteht sich, daß der Dichter in dieser Ansprache an die Zuschauer bemüht war, diejenige Empfindung zu erwecken, welche für seine Dichtung vortheilhaft war. Platen hat obige Formen in zwei Lustspielen nachgebildet, worauf wir hiemit hinweisen.

Neuere Dichter fügten zum Trauerspiel und Lustspiel noch eine dritte dramatische Dichtung, welche zwischen beiden stehen und beide vereinigen soll. Dieselbe wurde Schauspiel genannt. Hiedurch ist vielfach eine Verwirrung der Begriffe entstanden, in deren Folge die Scheidung zwischen Trauerspiel und Lustspiel nicht strenge beobachtet wurde. Beide sind im richtigen Sinne des Wortes ein Schauspiel, und die dritte Schöpfung müßte folglich eine andere Benennung empfangen. Dies sogenannte Schauspiel ist eine Dichtung, die allein Unterhaltung gewähren soll, es fehlt derselben der Gegensatz, nämlich der Kampf um Prinzipe und folglich auch die Idee. Der Conflict ist nur äußerlich und bewegt sich in Irrungen und Mißverständnissen, der Zufall mit seiner Ueberraschung hat somit volle Berechtigung. Es ist selbstverständlich, daß eine solche Dichtung kein Spiegelbild der Menschheit sein kann, wie die dramatische Poesie es fordert, daher kann dieselbe nur in seltenen Fällen tiefere Bedeutung haben. Das Gleiche findet bei der Posse statt.

Es haben sich Stimmen erhoben, welche dem Drama eine moralische Bedeutung beilegen wollten, allein dieses ist ein Irrthum. Die Kunst verfolgt immer nur den einen Zweck, geistiges Vergnügen zu gewähren. Hierin beruht der große Einfluß, den die Schöpfungen des Genius auf die Bildung des Volkes ausüben. Die sittliche Idee, geoffenbart durch die schöne Form und verbunden mit der Kraft der Wahrheit, erhebt und veredelt das Gemüth. Es ist gewiß ein großer Unterschied zwischen den Geistern, welche sich am rohen Scherz oder am sinnigen Kunstwerk letzen; und es ist wieder ein Unterschied zwischen den Geistern, welche sich des Kunstwerks erfreuen oder die allseitige Beurtheilung desselben verstehen. Die Entfaltung der wirklichen Kunst verkündet daher immer die Höhe der Bildung und der politischen Freiheit, welche ein Volk erworben hat.

III.

Rhythmus.

Wir haben bemerkt, daß der Dichter die schöne Form der rhythmisch geordneten Rede zu wählen habe, um seinen Gedanken und Empfindungen Ausdruck zu verleihen; es wird demnach nöthig sein, den Begriff Rhythmus festzustellen. Der Kürze wegen wollen wir uns hiebei eines ganz gewöhnlichen Beispiels bedienen.

Hören wir in den Herbsttagen fleißige Hände das Getraide auf der Tenne dreschen, so werden wir sofort wahrnehmen, daß hiebei bestimmte Eintheilung der Zeitmomente beobachtet wird. Die Arbeiter lassen die Schläge der schweren Hölzer nicht willkürlich oder zufällig niedersinken, sondern in abgemessener Folge, und die Pausen, welche zwischen den Schlägen eintreten, sind sich in Hinsicht der Zeitdauer alle gleich. Aus diesem Grunde ist auch die Zahl der Arbeiter, welche an der Thätigkeit theilnehmen, keine zufällige, sondern hiebei herrscht Bedingung. Die Arbeit wird stets von zwei, drei oder vier Personen ausgeführt, und arbeitet auf einer geräumigen Tenne eine größere Anzahl, nämlich sechs bis acht, so sondern sich dieselben in zwei Gruppen. Die Arbeit wird im Takt vollbracht, und die sinkenden Schläge können vermittelst musikalischer Zeichen niedergeschrieben werden. Bei jeder Gruppe befindet sich ein Vordrescher, welcher durch stärkere Schläge den Takt andeutet. Auf diese Weise empfängt die Folge oder der Fortgang der abgemessenen Schläge Bewegung, welche sich selbstverständlich in grader oder ungrader Zahl dem Ohre mittheilt. Diese Bewegung nennen wir Rhythmus.

Demnach ist Rhythmus die stets wiederkehrende Bewegung des Tons in bestimmt abgemessenen gleichen Zeiträumen.

Es ist bekannt, daß diese Bewegung auf das Ohr einen Zauber ausübt, durch welchen es unwillkürlich zum Lauschen gezwungen wird. Der Zauber wird erhöht, wenn mit den Tönen Mannigfaltigkeit verbunden wird, wenn nämlich in der Zeitdauer derselben Verschiedenheit waltet, so daß auf einen längeren Ton zwei oder mehrere kürzere Töne folgen, die zusammen in Beziehung auf Zeitgehalt dem längeren Ton gleich sind. Die rhythmische Bewegung wird hiedurch schöner. So mannigfach sich die gleichen Momente der Zeit, welche durch die Aufeinanderfolge die Bewegung der Töne hervorrufen, wieder theilen lassen, so mannigfach können die Töne auch gegliedert werden.

Wird aber durch die Gliederung der Töne die richtige Folge der Zeitmomente verletzt, so hört der Rhythmus auf, welches vom Ohre sofort wahrgenommen wird. Die Schläge der Drescher vermögen keine rhythmische Bewegung hervorzurufen, wenn sie ungleichmäßig fallen, und wenn hiedurch die richtige Folge der gleichen Zeitmomente unterbrochen wird. Es ist Gesetz des Rhythmus, daß die Zeitmomente, in denen die Bewegung fortschreitet, einander gleich sein müssen.

Wenn wir vorhin ausgesprochen haben, daß die rhythmische Bewegung sich in grader oder ungrader Zahl dem Ohre mittheile, so müssen wir jetzt darlegen, daß die Bewegung in grader Zahl und die Bewegung in ungrader Zahl nicht zweierlei ist. Die rhythmische Bewegung ist eine Einheit, welche nur durch natürliche Folge von Hebung und Senkung in abgemessener Zeit, also durch zwei Schläge

hervorgebracht werden kann. Diese Einheit der Bewegung wird nicht aufgehoben, wenn dieselbe auch in drei Schlägen fortschreitet, denn hier ist der mittelste Schlag als das Ende der ersten und zugleich als der Beginn der zweiten Bewegung zu betrachten. Die Einheit wird also durch das Ineinandergreifen zweier Bewegungen hergestellt. Dies wird uns sofort klar werden, wenn wir die drei Schläge durch drei Punkte bezeichnen, sodann über denselben die erste und unter denselben die zweite Bewegung durch beigefügte Zahlen

bezeichnen; wir erkennen hiedurch deutlich, daß der zweite Schlag Senkung der ersten und Hebung der zweiten Bewegung vereinigt, und daß folglich die beiden ersten Schläge stets die Hebung repräsentiren müssen. Hierin beruht die Verschiedenheit der rhythmischen Bewegung in grader und ungrader Zahl.

Die Bewegung in der Zahl 3 ist demnach ebenfalls eine Einheit, wie die Bewegung in der Zahl 2. Es können jedoch auch fünf Drescher die Arbeit auf der Tenne verrichten, folglich kann der Rhythmus auch in dieser Zahl fortschreiten; hieraus ergiebt sich, daß dieses auch in der Zahl 7 stattfinden kann. Allein bei der Bewegung durch 5 Schläge müssen stets die Einheiten 2 und 3 als ein ungleiches Ganzes zusammengefaßt werden, wie sich aus der beigefügten Zeichnung ergiebt.

Dasselbe findet statt, wenn die Bewegung durch 7 Schläge hergestellt wird. Hier muß die Einheit 2 sogar doppelt mit der Einheit 3 verbunden werden, wie unsere Zeichnung darlegt.

Die verbleibende Trennung in dem Vereinigten tritt uns entgegen, und somit bedarf es keines weiteren Beweises, daß die Vereinigung des Ungleichen zu einem Ganzen der Leichtigkeit in der Bewegung entbehren muß.

Wenn wir nun auch dargelegt haben, daß die rhythmische Bewegung eine Einheit ist, indem die Bewegung in der Zahl 3 durch das Ineinandergreifen zweier Bewegungen in der Zahl 2 hervorgebracht wird, so wollen wir doch für die Folge die Bewegung in der Zahl 2 die grade, und die Bewegung in der Zahl 3 die ungrabe nennen, weil das Ohr die Verschiedenheit in der Zahl stets wahrnimmt.

Der Rhythmus wird mit dem Ohr vernommen. Wenn wir denselben auch durch leise Schläge körperlich empfinden oder in der Bewegung eines Gegenstandes mit dem Auge erblicken können, so wird gleichwohl das Ohr unwillkürlich zum Lauschen aufgefordert. Wohl ist die Ansicht aufgestellt worden, daß man den Rhythmus in den geordneten Verhältnissen eines Gebäudes oder in den Anlagen eines schönen Parks anschauen könne, allein hiemit kann nur die schöne Uebereinstimmung der Verhältnisse verstanden werden; in diesem Sinne haben die Griechen den Rhythmus auf Gegenstände im Raume bezogen. Ohne Bewegung ist kein Rhythmus denkbar, und wir können denselben nur im Schweben des Tanzes, sowie auch in der Schwingung eines Pendels oder eines Stabes wahrnehmen; in solchem Falle wird der Rhythmus mit dem inneren Sinne, nämlich geistig gehört, wie dies auch beim Schaffen eines musikalischen Werkes oder beim Bilden der poetischen Rede stattfindet.

Welche Ursache mag obwalten, daß unser Ohr so mächtig vom Rhythmus gefesselt wird?

Der Ton ist die Stimme des Weltalls, die Erschaffung desselben beruht auf dem Ton, denn nur durch den Ton vermag der Geist sein Innerstes kundzugeben. Durch Erschaffung des Weltalls, nämlich durch die Schwingung der leuchtenden Welten, konnte aber auch nur der geordnete Fortgang der in Momente getheilten Zeit erfolgen, und somit hat ein älterer Schriftsteller den richtigen Ausspruch gethan, daß die Gottheit den Rhythmus geschaffen habe.

Der Rhythmus bildet die Grundlage für die Musik. Wohl nennen wir die harmonischen Töne der Aeolsharfe, das Rollen des Donners, das Tosen des Meeres oder eines Wasserfalles ebenfalls Musik, allein dieses kann nur bildlich verstanden werden. Ohne Rhythmus ist keine Musik denkbar, wie wir sogleich darlegen werden.

Wir haben bemerkt, daß die Drescher im $2/4$ oder $3/4$ Takt arbeiten, denn es versteht sich von selbst, daß die Theilung der Zeit in Momente nur durch grade oder ungrade Zahl, also durch die Zahl 2 oder 3 stattfinden kann; diesem Gesetz muß der Tonschöpfer folgen, keine Melodie kann anders als im $2/4$ oder $3/4$ Takt gebildet werden, denn $2/4$ ist mit $4/4$, und $3/8$, $6/8$ mit $3/4$ im obigen Sinne gleichbedeutend. Die Zahl muß immer grade oder ungrade sein. Nur die rhythmische Bewegung wird durch die veränderte Zahl stets eine andere. Rhythmus und Zahl sind also innig verbunden. Wir haben ferner bemerkt, daß einer der Drescher beim Beginn der Arbeit einen stärkeren Schlag ausführt und hiemit regelmäßig fortfährt; hiedurch bezeichnet derselbe den Takt, nämlich den Beginn einer neuen Bewegung oder einer neuen Periode der Bewegung. Dasselbe wird auch in der Musik beobachtet, auch hier wird durch stärkeren Klang der Beginn einer neuen Periode und somit der Takt bezeichnet. Wenn die Schläge des Vordreschers auch schwächer fallen und in der Musik der Klang gesenkt wird, so vernimmt das Ohr gleichwohl den Beginn der neuen Periode. Rhythmus ist folglich nicht vom Takt zu scheiden, denn die Bewegung muß in dem Letzteren fortschreiten, weil der Takt die Zeitmomente bestimmt und somit der Ordner der rhythmischen Bewegung ist. Daher die Neigung, beim Anhören der Musik die Ordnung dieser Bewegung durch eine Bewegung des Körpers anzudeuten; daher gleichfalls die Neigung, sich im Takte der Tanzmusik fortzuschwingen und hiedurch der Ordnung der Bewegung zu folgen, die uns so oft ergriffen hat und uns immer wieder ergreift, sobald die Musik ertönt.

Sowie sich jedoch der Gedanke mit dem Worte verbinden oder sich in Worte kleiden muß, um verkörpert und hiedurch vernommen zu werden, so muß sich die Bewegung des Klanges, also der Rhythmus, gleichfalls mit der Figur verbinden oder sich in die Klangfigur kleiden, um vernommen zu werden. Die Schläge der Drescher gestalten sich sofort zur Klangfigur. Diese Klangfigur ist jedoch einförmig und entbehrt deshalb der Schönheit. In der Erfindung der Figur in ihrer Mannigfaltigkeit, wodurch sie schön wird, tritt uns nun der schaffende Geist entgegen, dieselbe wird sowohl durch metrische Gliederung, als auch durch Höhe und Tiefe der Töne gebildet, und hiedurch entsteht die Melodie.

Wenn wir den ersten Vers des bekannten Liedes „Gaudeamus igitur" in der metrischen Gliederung hinstellen,

♪ ♪ ♩ ♩ ♩ | ♪ ♪ ♪ ♩ |

so wird uns dieselbe bereits durch Trommelschlag als Figur klar werden; fügen wir jedoch Höhe und Tiefe der Töne hinzu, so wird dieselbe zur Melodie und empfängt hiedurch Vollendung und Schönheit. Ohne Höhe und Tiefe der Töne kann somit keine schöne Melodie gebildet werden. Der Tonschöpfer bildet die metrische Ordnung oder Gliederung der Melodie, sowie Höhe und Tiefe der Töne nicht gesondert: beide quellen zugleich als vollendete Melodie in seinem Inneren auf, sowie die Schöpferkraft des Dichters Gedanken und Form der poetischen Rede ebenfalls vereinigt bildet. Je bestimmter die schöne Figur hervortritt und die Empfindung ihres Schöpfers verkündet, desto freudiger nimmt das Ohr Rhythmus und Melodie entgegen; und je bestimmter der Gedanke in schöner Form der Rede dem Geiste begegnet, desto freudiger wird er auch von demselben begrüßt. Die Schöpfungen tönen fort und fort im bewegten Gemüth, denn der Geist hat sein Innerstes dem anderen Geiste geoffenbart.

In der Schwingung des Klanges, nämlich in der Klangwelle, hat die Gottheit das Gesetz für die harmonische Zusammenwirkung der Töne dargelegt, und vereinigen wir dieselbe mit der Melodie, so wird unser Ohr durch Musik entzückt. Vereinigen wir Melodie oder Musik mit der poetischen Rede, so entsteht Gesang. Es versteht sich, daß hiebei die Musik nicht vorzugsweise hervortreten darf, sondern daß sich dieselbe mit der poetischen Rede als ganze Schöpfung auf das Innigste verbinden muß. Neuere Tonkünstler haben ohne die Rede den Gedanken durch die Musik allein zum Ausdruck gebracht, wie die Tanzmusik die Bewegung als Gedanken zum Ausdruck bringt; jedoch der allseitig entwickelte Geist wird mit seinem berechtigten Anspruch immer der Verbindung von Dichtkunst und Musik den Vorzug geben.

Das Wesen des Rhythmus besteht einfach in Hebung und Senkung des Tons in bestimmt gemessener Zeitfolge als Satz und Gegensatz: dasselbe bleibt sich gleich, ob die Bewegung in grader oder ungrader Zahl fortschreitet. Die grade Zahl kann somit zur ungraden, die ungrade zur graden umgewandelt werden, sobald beiden die gleiche Dauer der Zeitmomente gegeben wird, denn die Dauer der rhythmischen Periode muß immer unverändert bleiben und die angenommene Zahl muß fortschreiten. Der $^2/_4$ Takt kann nicht nach Belieben in den $^3/_4$ Takt umgewandelt werden. Die Melodie kann sich somit frei bilden, doch immer bleibt für dieselbe der Takt das Gesetz, welchem sie sich unterordnen muß, weil nur durch Erfüllung des Gesetzes die Schaffung der Melodie möglich ist. Beim Verlassen des Gesetzes würde sofort alle Ordnung und die Schönheit des Rhythmus schwinden. Wohl wird im Vortrage musikalischer Schöpfungen der Takt mitunter aufgehoben und findet sodann rhythmische Bewegung ohne Takt statt, allein in diesem Falle schreitet der Takt ideell in seiner Gesetzmäßigkeit fort, denn immer muß derselbe der Ordner der rhythmischen Bewegung bleiben.

Wir müssen erkennen, daß das Gesetz des Rhythmus in der Zeitmessung durch die Zahl höchst einfach ist. Welchen Zauber bietet dieses durch die Klangfigur geoffenbarte Gesetz, und welche Fülle der schönsten Klangbildungen ist in diesem einfachen Gesetz niedergelegt.

Auf dem Ton beruht die Erschaffung der Welt, denn alles Dasein ist Geist und der Ton verbindet die Geister. Die

Gottheit hat sieben Töne gegeben, denn die folgenden entstehen immer nur durch doppelte Schwingung der Klangwellen. Die Welt hängt also als schöner Kosmos durch Ton und Zahl zusammen, und durch den Rhythmus wird der Geist auf den Urgedanken der Schöpfung zurückgeführt. Daher seine Gewalt, die er auf das Gemüth ausübt.

IV.

Metrum.

Wenn der Rhythmus die Grundlage für die Musik ist, so bedarf es keines Beweises, daß die rhythmisch geordnete Rede nach dem gleichen Gesetz gebildet werden muß, wie die Musik. Hier kann keine Verschiedenheit walten. Die Rede wird durch Worte gebildet, die aus Sylben bestehen, und diese nehmen bei richtiger Aussprache eine verschiedene Dauer des Klanges in Anspruch. In dem Wort „Freude" müssen wir der ersten Sylbe die doppelte oder dreifache Dauer des Austönens gewähren, wie der letzten, und wir können den Zeitgehalt der Sylben durch folgende musikalische Zeichen ♩ ♪ bestimmen, während die Sylben des üblichen Grußes der Bergleute „Glück auf" ♩ ♩ gleiche Dauer des Klanges in Anspruch nehmen.

Die rhythmische Bewegung der Rede muß folglich in grader oder in ungrader Zahl fortgeführt werden, und es ist nicht gestattet, nach Belieben aus dem einen Verhältniß in das andere überzuspringen. Schreitet jedoch die Bewegung immer gleichmäßig fort, wie dieses in Beziehung auf die Zeitdauer der Töne bei den Schlägen der Drescher der Fall ist, so entsteht Einförmigkeit, die dem Ohre nicht angenehm klingt, und diejenige Rede, welche nur aus Sylben von gleicher Länge besteht, wie die folgende Reihe:

    Hin zur Felskluft eilt mein Fuß nun!

wird dem Ohre der Einförmigkeit wegen ebenfalls nicht angenehm tönen. Die Abwechslung in der Gliederung verleiht der Musik und der poetischen Rede Schönheit. Wir erkennen dieses sofort, wenn wir eine der Sylben in zwei kürzere auflösen und der Reihe

Hin zur | Felskluft | eil - te der | Fuß nun!

obige Form geben. Unser Ohr empfindet sofort die angenehme Abwechslung. Somit können wir der Rede schöne Mannigfaltigkeit verleihen, indem wir nicht allein Sylben von gleicher Länge, sondern der längeren Sylbe zwei kürzere gegenüber stellen, wie die folgende Reihe beweisen mag.

Aufblüh', | lieb - li - che | Li - li - e!

Allein die Gliederung kann noch weiter geführt werden, und wir stellen

Freu - di - ges Er - stau - nen be - wegt mich!

drei kurze Sylben einer längeren gegenüber. Die Schönheit der Rede wird erhöht, je vielfältiger wir die Gliederung umwandeln, und deshalb wollen wir der Vollständigkeit wegen zu obigen Beispielen noch folgende Reihe hinzufügen, in welcher der Zeitgehalt der Sylben öfteren Wechsel erlitten hat.

Breite die Pracht, o | wonniger Frühling, | schmücke den Wald!

Obgleich wir der poetischen Rede bei der Bildung Mannigfaltigkeit verleihen können, so hat unsere Sprache doch nur in den Sylben eine einzige Verschiedenheit, wir unterscheiden nämlich nur zwischen einer langen und einer kurzen Sylbe. Die

Folge der Worte muß demnach so geordnet werden, daß jeder Sylbe die richtige Zeitdauer gegeben wird.

Wie nun in der Musik der Takt der Ordner der rhythmischen Bewegung ist, so erfolgt in der poetischen Rede diese Ordnung durch das **Metrum**. Die Zeitmomente in der Aufeinanderfolge werden durch das Metrum oder das Maaß bestimmt, folglich wird der Rhythmus durch dasselbe geordnet und die Bewegung in Perioden getheilt, die wir deshalb „metrische Perioden" nennen. Jedes Metrum empfängt daher auch seine bestimmte Benennung, welches wir später darlegen werden.

Eine metrische Periode kann jedoch kein abgeschlossenes Ganzes sein; aus diesem Grunde werden metrische Reihen gebildet, die selbstverständlich einen bestimmten Rhythmus haben müssen. Es werden aber auch mehrere Reihen wieder verbunden, wodurch ein größeres Ganzes gewonnen wird. Dies wird namentlich in der lyrischen Dichtkunst beobachtet, welches wir später ebenfalls darlegen werden. Mit dem größeren metrischen Ganzen schließt zugleich der entwickelte Gedanke.

Eine metrische Reihe kann sowohl aus einer einzigen Periode, als auch aus mehreren Perioden bestehen. Lesen wir die folgende Reihe:

<blockquote>Immer erneut ‖ kämpfe der Mann ‖ gegen Gewalt.</blockquote>

so müssen wir erkennen, daß dieselbe aus drei Perioden gebildet wurde, denn der Rhythmus wiederholt sich dreimal, welches vom Ohre mit Bestimmtheit vernommen wird.

Es bedarf keiner Darlegung, daß die Rede den Rhythmus zum Ausdruck bringen muß, wie das Metrum es vorschreibt; wo also die metrische Periode endet, muß auch in der Rede das Wort enden. Dies wird Cäsur genannt. Eine Reihe hat also so viele Cäsuren, als Perioden·in ihr enthalten sind. Dem Schluß der letzten Periode wird jedoch diese Benennung nicht ertheilt, weil mit derselben die Reihe geschlossen wird.

Die Cäsur kann man in unveränderliche oder veränderliche eintheilen. Dieselbe ist unveränderlich, wenn mit dem Schluß der metrischen Periode unbedingt das Wort enden muß, weil außerdem der vom Metrum geordnete Rhythmus nicht zum Ausdruck kommen würde. Nehmen wir die zweite Cäsur von obiger Reihe fort und bilden wir dieselbe deshalb auf folgende Weise:

  Immer erneut ∥ gegen Gewaltthaten gekämpft.

so müssen wir sofort erkennen, daß der vom Metrum bestimmte Rhythmus gestört worden ist. Die Cäsuren der Reihe sind demnach als unveränderliche zu bezeichnen.

 Stellen wir nun folgende Reihe hin:

  Wie ungestüm ∥ der wilde Sturm ∥ die Wogen thürmt.

so besteht dieselbe ebenfalls unverkennbar aus drei Perioden; allein wir können der Reihe auch folgende Cäsuren geben:

  Des Sturmes Tosen ∥ ungestüme ∥ Wogen thürmt.
  Der Ungestüm ∥ des Sturmes ∥ hohe Wogen thürmt.

Wenn nun das Ohr auch die Veränderungen der Cäsuren wahrnimmt, so wird der Rhythmus des Metrum hiedurch weder aufgehoben noch gestört, und somit enthält die Reihe veränderliche Cäsuren. Mit dem Wort Cäsur bezeichnet man daher gewöhnlich das Ende einer metrischen Periode in einer Reihe, wenn mit der Periode zugleich das Wort endet; und wenn man sagt, daß eine Reihe keine Cäsur habe, so versteht man darunter, daß der Rhythmus der Worte nicht mit dem Schluß der Perioden ende, wie das Metrum dieselben bestimmt.

 Sind die vom Dichter gebildeten Reihen als ein metrisches Ganzes zum Abschluß gebracht worden, so sind sie Gliederung einer Melodie und die poetische Rede wird musikalisch. In dem nachstehenden Gedicht von Platen werden wir dies erkennen, denn wenn wir den Sylben, also den Tönen Höhe und Tiefe ertheilen, so wird die Melodie zur Erscheinung gelangen.

  Schwelle die Segel, günstiger Wind!
  Trage mein Schiff an das Ufer der Ferne,
  Scheiden muß ich, so scheid' ich gerne,
  Schwelle die Segel, günstiger Wind!

Schwelle die Segel, günstiger Wind!
Daß ich den Boden, den heimischen, schaue,
Fahre du wohl, Helvetien's Aue,
Schwelle die Segel, günstiger Wind!

Schwelle die Segel, günstiger Wind!
Wenn ich auch hier in Entzücken verweile,
Drüben knüpfen mich liebende Seile,
Schwelle die Segel günstiger Wind!

Der Dichter kann jedoch die poetische Rede ohne bestimmtes Metrum bilden und derselben gleichfalls Schönheit verleihen; die gesetzmäßige Bewegung des Rhythmus wird dann absichtlich aufgehoben, die Rede wird folglich nicht musikalisch, sondern deklamatorisch, wie dieses im folgenden Gedicht von Göthe der Fall ist.

Ganymed.

Wie im Morgenglanze
Du rings mich anglühst,
Frühling, Geliebter!
Mit tausendfacher Liebeswonne
Sich an mein Herz drängt
Deiner ewigen Wärme
Heilig Gefühl,
Unendliche Schöne!

Daß ich dich fassen möcht'
In diesen Arm!

An deinem Busen
Lieg' ich, schmachte,
Und deine Blumen, dein Gras
Drängen sich an mein Herz.
Du kühlst den brennenden
Durst meines Busens,
Lieblicher Morgenwind!
Ruft drein die Nachtigall
Liebend nach mir aus dem Nebelthal.
Ich komme, ich komme!
Wohin, ach wohin?

>Hinauf, hinauf strebt's.
>Es schweben die Wolken
>Abwärts, die Wolken
>Neigen sich der sehnenden Liebe.
>Mir! Mir
>In eurem Schoose
>Aufwärts!
>Umfangend umfangen!
>Aufwärts an deinen Busen,
>Allliebender Vater!

Die Bildung der metrischen Rede ist so mannigfach wie die Bildung der Melodie, der Schöpfergeist vermag beide immer neu zu gestalten. Soll die Rede sich jedoch nicht deklamatorisch, sondern musikalisch entwickeln, so darf die Gesetzmäßigkeit der rhythmischen Bewegung nicht verletzt werden.

Wenn wir nun auch dargelegt haben, daß Takt und Metrum gleichbedeutend sind, so wollen wir doch hinzufügen, daß wir mit der metrischen Rede den Begriff des ideellen Taktes verbinden. Alle Schönheit der rhythmischen Bewegung in der Rede würde bei der strengen Fessel des musikalischen Taktes schwinden, und schwerlich hätten im Alterthume griechische Schriftsteller dem Rhythmus beim lyrischen Vortrage so begeisterte Worte des Lobes gespendet, wäre derselbe nicht vom ideellen Takte geordnet worden.

V.

Vers.

Im vorigen Abschnitt haben wir mitgetheilt, daß der Dichter seine poetische Rede in Reihen theilt und denselben durch metrische Gliederung einen bestimmten Rhythmus giebt: eine solche Reihe wird Vers genannt. Da bei Bildung der Verse kein Zufall, sondern das Gesetz des Rhythmus waltet, und der Dichter auch zugleich bedacht sein muß, Gedanken und schöne Form immer zu verbinden, so nennt man mit Recht den Versbau eine Kunst.

Rhythmus ist das Gesetz, nach welchem die Bewegung des Klanges in gemessenen Theilen der Zeit fortschreitet, und hierauf wurde der Versbau gegründet, indem die kurze Sylbe als eine Einheit in der Zeit oder Mora, die lange Sylbe jedoch als zwei Einheiten oder doppelte Mora betrachtet wurde. Für die kurze Sylbe galt bei Hinstellung des Metrum folgendes Zeichen ⏑ und die lange Sylbe wurde durch einen Strich — angedeutet. War es gestattet, daß eine kurze Sylbe die lange oder eine lange Sylbe die kurze repräsentiren konnte, so setzte man beide Zeichen $\genfrac{}{}{0pt}{}{-}{\smile}$ übereinander. Durfte eine lange Sylbe in zwei kurze, oder durften zwei kurze Sylben in eine lange umgebildet werden, so setzte man ebenfalls beide Zeichen $\genfrac{}{}{0pt}{}{\smile\smile}{\smile\smile}$ übereinander. Durfte ferner die lange Sylbe die kurze repräsentiren und konnte zugleich die kurze Sylbe in zwei Kürzen aufgelöst werden, so setzte man alle drei Zeichen $\stackrel{\smile\smile}{-}$ übereinander.

Die Griechen bildeten aus den Längen und Kürzen Bestandtheile des Verses, die Füße genannt wurden. Jeder Fuß ist ein Metrum. Die Füße sind zwei=, drei= und viersylbig. Wir wollen dieselben unten folgen lassen, und werden Beispiele in einzelnen oder verbundenen Worten beifügen, wobei wir jedoch bemerken, daß ein Fuß aus zwei oder mehreren Kürzen in unserer Sprache nur durch einsylbige Wörter gebildet werden kann; mehrsylbige Wörter haben stets eine lange Sylbe.

Zweisylbige Füße.

Trochäus	— ◡	Freude, Güte.
Jambus	◡ —	Gefahr, Beschluß.
Spondeus	— —	Liebreich, Felskluft.
Pyrrichius	◡ ◡	In der (Landschaft.)

Dreisylbige Füße.

Daktylus	— ◡ ◡	Mächtige, brausete.
Anapäst	◡ ◡ —	Element, die Gewalt.
Bacchius	◡ — —	Gewaltthat.
Palimbachius	— — ◡	Felsklüfte.
Molossus	— — —	Aufmerksam.
Amphimacer	— ◡ —	Ungemach.
Amphibrachys	◡ — ◡	Gerechte.
Tribrachys	◡ ◡ ◡	So in der (Fessel schmachtend.)

Viersylbige Füße.

Dispondeus	— — — —	Liebreich sei stets.
Choriambus	— ◡ ◡ —	Fürstengewalt.
Antispastus	◡ — — ◡	Bedacht ordne.
Ditrochäus	— ◡ — ◡	Klagetöne.
Dijambus	◡ — ◡ —	Gerecht geübt.

Proceleusmaticus		◡ ◡ ◡ ◡	O wo in der (Welt!)
Sinkender	⎫ Joniker	— — ◡ ◡	Freundschaftliche.
Steigender	⎭	◡ ◡ — —	Die Gewaltthat.
Erster	⎫	◡ — — —	Erwägung laß.
Zweiter	⎬ Epitritus	— ◡ — —	Sei bedachtvoll.
Dritter	⎬	— — ◡ —	Stets sei gerecht.
Vierter	⎭	— — — ◡	Großmuth übe.
Erster	⎫	— ◡ ◡ ◡	Fröhlichere.
Zweiter	⎬ Päon	◡ — ◡ ◡	Bedächtige.
Dritter	⎬	◡ ◡ — ◡	Die Begriffe.
Vierter	⎭	◡ ◡ ◡ —	In der Gefahr.

Die Füße können bis zu sieben Sylben fortgeführt werden, da jedoch in denselben obige Formen immer wiederkehren, so wollen wir die Anführung derselben unterlassen.

Wir haben dargelegt, daß die rhythmische Bewegung in grader oder ungrader Zahl fortschreiten muß: werfen wir einen Blick auf obige Füße, so finden wir in deren Bildung dasselbe Verhältniß beobachtet. Trochäus ♩♪ und Jambus ♪♩ schreiten in ungrader Zahl fort, während Daktylus ♩♪♪ und Spondäus ♩♩ sich in grader Zahl fortbewegen. Bei den übrigen Füßen findet dasselbe Verhältniß statt.

Jeder Versfuß ist somit zugleich ein Takt oder ein Theil eines Taktes. Die grade Bewegung kann wie in der Musik zur ungraden, die ungrade zur graden umgebildet werden, allein der Zeitgehalt muß unverändert bleiben. Wir können dem Trochäus die Bewegung des Spondeus ertheilen, wenn wir seinen Zeitgehalt — ◡ (♩♪) auf folgende Weise — —(♪♪) abmessen. Ebenso kann der Daktylus in ungrader Bewegung auf den Trochäus folgen, wenn derselbe im $^3/_8$ Takt — ◡ ◡ (♪♪♪) gemessen wird. Seine Bewegung wird hiedurch flüchtiger. Es findet ferner eine Auflösung der kurzen Sylbe in zwei Kürzen statt, wie dieses bei dem Jambus ◡◡ — der Fall ist, und somit kann eine lange Sylbe dem Zeitgehalt von mehreren Kürzen entsprechen. Der Dichter darf jedoch die angenommene Zahl in der rhythmischen Bewegung des Verses nicht verlassen, weil ohne richtigen Rhythmus kein Wohlklang möglich ist. Wird aus der einen Zahl in die andere übergesprungen, so empfindet das Ohr sofort den Mißklang, der Vers verliert die Leichtigkeit der Bewegung und folglich die Schönheit.

Da die Bildung der Versfüße nach dem Gesetz des Rhythmus erfolgt, so versteht es sich von selbst, daß der Vers obigem Gesetz zufolge stets in Hebung und Senkung fortschreiten muß. Die Griechen bezeichneten die Hebung mit dem Worte Arsis, von Erhebung der Stimme, und die Senkung als deren Wirkung mit dem Worte Thesis. Die Arsis wird durch folgenden schrägen Strich ′ angedeutet. Es sei hiebei jedoch bemerkt, daß die Bezeichnung Arsis als freie Ursache eigentlich nur der ersten Hebung einer metrischen Periode zukommt, und daß die folgende Hebung und Senkung als deren Wirkung mit dem Worte Thesis bezeichnet werden müßte; wir nennen jedoch der Gewohnheit gemäß jede Hebung und Senkung Arsis und Thesis. Unsere Musiker begreifen mit der Arsis den guten, mit der Thesis hingegen den schlechten Takttheil, obgleich bei ihnen die umgekehrte Benennung stattfindet. Jede musikalische Schöpfung schreitet also im guten und schlechten Takttheil, und jeder Vers in Arsis und Thesis fort. Jeder Takt beginnt mit dem guten und endet mit dem schlechten Takttheil, und jeder Vers hebt die rhythmische Bewegung in Arsis an und endet sie in Thesis. In nachstehendem Verse von Schiller

$$-\smile-\smile\mid-\smile-\smile$$
Freude, schöner Götterfunken,

tritt uns dieses mit völliger Klarheit entgegen. Dieses Fortschreiten in Hebung und Senkung findet selbstverständlich ebenfalls statt, wenn der Vers in Sylben von gleicher Länge fortgeführt wird. Lesen wir folgende Spondeen mit trochäischem Schluß:

$$-\ -\ |\ -\ \ -\ |\ -\ \smile$$
Wehmuth beugt mein Inneres.

so müssen wir unbedingt der ersten Sylbe jedes Fußes Hebung des Tons ertheilen. Wohl bilden die Tonschöpfer Melodien, die mit dem schlechten Takttheil beginnen, sowie folgender Vers im jambischen Metrum von Schiller

$$\smile\ -\smile\ -\ |\ \smile\ -\ \smile\ -\ |\ \smile\ -$$
das Leben ist der Güter höchstes nicht,

ebenfalls in Thesis beginnt und in Arsis endet, allein die rhythmische Bewegung hebt immer mit der Arsis an. Die Musiker nennen daher den schlechten Takttheil, mit welchem die Melodie beginnt, sehr richtig den Auftakt. Auch in obigem Verse bildet die erste Sylbe den Vorschlag. Dieselbe wird Anakrusis genannt. Die Bewegung hebt jedoch immer mit der Arsis an, und beim Schluß ist die Thesis ideell vorhanden, indem dieselbe durch eine eintretende Pause ersetzt wird.

Diese Pause beim Schluß einer Periode in Arsis tritt jedoch nur ein, wenn die folgende Periode wieder in Arsis beginnt. Scheidet nämlich die Cäsur wie in folgendem Verse Arsis von Arsis,

$$-\ \smile\smile\ -\ ||\ -\ \smile\smile\ -$$
Fürstengewalt herrsche gerecht.

so sind wir gezwungen, in der Mitte innezuhalten; die rhythmische Bewegung fordert unabweislich die Pause, denn dieselbe muß die Senkung repräsentiren, während nachstehender Vers

$$-\ \smile\smile\ |\ -\ \smile\smile\ ||\ -\ \smile\smile\ |\ -\ \smile$$
Ueppiges Weinlaub schmücke die Pforte.

ohne Pause fortschreitet, weil die Cäsur hier Thesis von Arsis scheidet.

Jeder Vers hat seinen bestimmten Rhythmus; man bezeichnet demnach das Metrum desselben als ein trochäisches, anapästisches,

daktylisches, jambisches u. s. w. Dieser Rhythmus ist zusammen-
hängend, wird jedoch mit dem Verse beendet. Aus diesem Grunde
hat die letzte Sylbe eines Verses gewöhnlich ein unbestimmtes
Maaß. Diese Sylbe wird Anceps genannt. Das Maaß
derselben wird jedoch wieder ein bestimmtes, sobald die Verse
rhythmisch verbunden werden.

Beim Schluß eines Verses in Arsis und Beginn des nach-
folgenden in Thesis findet die rhythmische Verbindung statt;
es bleibt sich selbstverständlich gleich, ob Schluß und Beginn
in Thesis und Arsis erfolgen. Schließt jedoch ein Vers in Thesis und beginnt der folgende ebenfalls in Thesis, so müssen beide
Kürzen zusammengezogen werden, soll die rhythmische Bewegung
hinübergeführt werden. In folgenden Versen von Schiller
wird das Gesagte deutlich hervortreten.

> In einem Thal bei armen Hirten
> Erschien mit jedem jungen Jahr,
> Sobald die ersten Lerchen schwirrten,
> Ein Mädchen, schön und wunderbar.

Wir fügen als zweites Beispiel ein Gedicht von Platen bei,
in welchem einige Verse in Arsis schließen und die folgenden
ebenfalls in Arsis anheben; hier werden wir sofort durch das
Eintreten der Pause den Schluß der rhythmischen Periode erkennen.

> Lorbeer ward dem lyr'schen Ruhme
> Dargebracht auf Hellas Flur,
> Um die künstlich goldne Blume
> Rang und sang der Troubadour;
> Mich belohne
> Weder Krone,
> Noch metallne Hyacinthe,
> Mich der Freund, der treugesinnte,
> Mit beständ'ger Liebe nur.

Im kunstvoll gebauten Verse kann jedoch Arsis auf Arsis
folgen, ohne daß hierdurch die Bewegung des Rhythmus ge-

stört würde. Die Kunst des Versbaues in ihrer Vollendung strebt nach Mannigfaltigkeit, sie nähert sich der musikalischen Kunst, und somit können wir die Bewegung der trochäischen Füße $-\smile-\smile$ mit der Bewegung des Jonikers $-\,-\smile\smile$ verbinden. Beim Antispastus $\smile-\,-\smile$ findet dasselbe Verhältniß statt. Die Bewegung des Rhythmus wird hiedurch in den Perioden verändert, jedoch nicht im Fortgange gehemmt, weil der Zeitgehalt der Füße sich gleich ist. Folgende Verse stellen wir als Beispiele hin.

$$-\smile\ -\smile\ |\ -\ -\smile\smile\ |\ -\ \smile$$
Handle weise, großmüthige Fürstin.

$$-\smile\ -\smile\ |\ -\ -\ \smile\ |\ -\ \smile$$
Welche schnöde Gewalt übt der Herrscher.

Die Dichtkunst hat ihre Geschichte wie jede Kunst. Die ältesten Verse, welche gebildet wurden, sind unzweifelhaft ein = fache Verse gewesen, in welchen die rhythmische Bewegung unverändert blieb. Die Sylben werden in solchen Versen gezählt, wobei man den Accent des Wortes mit der rhythmischen Arsis zusammenfallen läßt. Lange Sylben ohne Accent vertreten eine kurze Thesis, und kurze einsylbige Wörter die lange Arsis. Die Griechen vervollkommten jedoch den Versbau, indem sie eine Messung der Sylben nach der Quantität eintreten ließen und diese mit dem rhythmischen Zeitgehalt in ein richtiges Verhältniß brachten; hiedurch mußte sich die poetische Rede unbedingt in dem gegebenen Rhythmus fortbewegen. Den metrischen Perioden eines Verses wurde nun ebenfalls eine Arsis ertheilt, wodurch höhere Hebung eintrat, wie aus nachstehendem Schema hervorgeht.

$$-\ -\ |\ -\smile\ \smile\ -\ \|\ -\smile\smile\ -\ |\ -\ \smile$$
Fort aus lautem Geräusch fliehe, beschwingter Fuß.

Wir haben früher bereits bemerkt, daß Arsis und Thesis

des Wortrhythmus mit Arsis und Thesis des Versrhythmus zusammen fallen müssen: demnach wird der nachstehende trochäische Vers.

$$-\smile\ -\ \smile\ |\ -\smile\ -\ \smile$$
Anmuth schmückt dich, holde Jungfrau.

in seinem ersten Fuß unrichtig sein, indem das Wort „Anmuth" wegen der Quantität der zweiten Sylbe kein Trochäus sein kann, sondern ein Spondeus ist. Wenn wir ferner folgende Trochäen von Schiller lesen:

$$-\ \smile\ -\ \smile\ |\ -\smile\ -\ \smile$$
Träum' ich, ist mein Auge trüber,

so erkennen wir gleichfalls, daß die Rede in ihrer Bildung nicht die Bewegung des Metrum hat; wir müssen derselben beim Lesen erst obige Bewegung ertheilen, denn

$$-\ \smile\ \smile\ -$$
Träum' ich, ist mein

schreitet richtiger in der Bewegung des Choriambus fort, weil das Wort „mein" wegen der Quantität und auch wegen des Doppelvocales länger als das vorhergehende Wort „ist" tönen muß, sobald wir beide richtig aussprechen. Mit gleicher Bestimmtheit tritt uns das Vorwalten des Accentes in nachstehenden Versen von Göthe entgegen.

$$\smile\ -\ \smile\ -\ |\ \smile\ -\ \smile$$
Es ist ein Schnee gefallen,
Denn es ist noch nicht Zeit,
Daß von den Blümlein allen,
Daß von den Blümlein allen
Wir werden hocherfreut.

Hier überwiegt nicht allein im ersten Verse das Wort „Schnee" an Quantität sehr bedeutend die übrigen Längen,

sondern Kürze und Länge desselben Verses sind umgekehrt als
Länge und Kürze

$$\bar{\smile} \, \acute{\bar{} } \, \smile \qquad \bar{} \, \acute{\bar{\smile}} \, \smile$$
Es ist ein   Denn es ist

im zweiten Verse hingestellt werden. Wohl kann in jambischen
Versen die erste Sylbe lang sein, allein im gemessenen Verse
wird das einsylbige Wort „es" niemals als Länge stehen kön=
nen, weil dasselbe aus einer der kürzesten Sylben besteht, die
unsere Sprache besitzt. Hieraus geht hervor, daß in accentu=
irten Versen Zählung statt Messung der Sylben erfolgt, und
daß einsylbige Wörter beliebig als Länge oder Kürze gebraucht
werden. Man beobachtet einfach die Bedingung, daß bei mehr=
sylbigen Wörtern der Accent der Arsis ertheilt wird.

Wir können in gegenwärtigem Werk keinen historischen
Ueberblick der Dichtkunst geben und müssen uns mit der Be=
merkung begnügen, daß unsere Dichter in der lyrischen Poesie
größtentheils den accentuirten Vers anwenden. Das Musika=
lische des Verses wird durch den Reim oder Gleichklang er=
setzt, welcher der letzten Sylbe verliehen wird. Selbstverständ=
lich kann der Reim nur auf der Arsis ruhen, wenn der Vers
auch in Thesis schließt. Beim arsischen Schluß wird der Reim
männlich, beim thetischen Schluß weiblich genannt, und im letz=
ten Falle müssen beide Sylben reimen. Man schlingt männ=
liche und weibliche Reime gewöhnlich in einander, um Abwechs=
lung zu erzielen.

Der Reim bildet folglich die vorzüglichste Schönheit des
accentuirten Verses und schließt denselben zugleich, denn ohne
Reim würde in vielen lyrischen Gedichten die Rede ohne Schluß
der Verse fortgeführt werden; man würde nämlich bei der
gänzlichen Gleichförmigkeit der accentuirten Verse deren Schluß
nicht wahrnehmen, sobald der Reim mit seinem Klange uns
hiervon nicht in Kenntniß setzte. Nur bei Versen in Daktylen
mit trochäischem Schluß, in Anapästen und Jamben mit the=

tischem und in Trochäen mit arsischem Schluß, sowie bei längeren Versen mit der scheidenden Cäsur, wird die metrische Periode bemerkbar. Allein ohne den Reim würde der accentuirte Vers keine besondere Zierde erhalten können und dieserhalb muß der Gleichklang ganz rein gehalten werden. Der Dichter hat den Consonanten ebenfalls Sorgfalt zu widmen, welche das Wort schließen, er darf nicht „sank" mit „lang" reimen. Wenn Schiller daher in einer seiner Balladen

  „Dies Alles ist mir unterthänig,"
  Begann er zu Aegyptens König,

den Anklang statt des Reimes hervortreten läßt, so wird dem sonst so trefflichen Gedicht hiedurch eine Benachtheiligung zugefügt. Uhland hat bei längeren Versen den Reim zuweilen doppelt, nämlich am Schluß jeder Periode, hingestellt und hiedurch die Wirkung erhöht, wie aus folgenden Versen zu ersehen ist, die aus seinem Gedicht „Graf Eberhard der Rauschebart" entlehnt sind.

  Herr Ulrich hat's vernommen, er ruft im grimmen Zorn:
  „In eure Stadt soll kommen kein Huf und auch kein Horn!"

Dieser doppelte Reim wird Binnenreim genannt. Allein der Dichter hat ihn stets mit Vorsicht anzuwenden, und wenn Brentano in nachstehenden Versen

  Es brauset und sauset
  Das Tambourin,
  Es prasseln und rasseln
  Die Schellen darin;
  Die Becken hell flimmern
  Von tönenden Schimmern,
  Um Kling und um Klang,
  Um Sing und um Sang
  Schweifen die Pfeifen und greifen
  Ans Herz
  Mit Freud' und mit Schmerz.

Schönheit und lebendige Schilderung erreichen wollte, so möchte derselbe Gefahr gelaufen sein, daß seine Kunst durch solche

Häufung der Binnenreime zur Spielerei herabsank, und möchten obige Verse dasjenige Ohr als Mißton berühren, welches an feinere Formen gewöhnt ist.

Die nordischen Skalden gaben ihren Versen auch den Schmuck der Alliteration, nämlich des Anklanges der Consonanten, wie solcher etwa in den nachstehenden Trochäen „Linde Lüfte" hervortritt. Hiemit kann sogar der Anklang der Vocale verbunden werden, und es ist unbestritten, daß der Wohlklang eines Verses hiedurch gehoben werden kann. Allein die höchste Zierde der metrischen Rede bleibt immer die ganz zwanglose Natürlichkeit, diese muß beim kunstvollen Bau bewahrt werden, und jeder weitere Schmuck ist Nebensache. Nur die Häufung gleicher Consonanten und den Hiatus, nämlich die Folge zweier Vocale beim Schluß und Beginn der Worte, hat der Dichter sorgfältig zu vermeiden, weil beide Mißklang hervorrufen. Die Trochäen „Meines Schwertes Schwere" und „Weiche endlich, scheue Ehrfurcht" klingen dem Ohre gleich unangenehm. Nur bei Verschiedenheit der Vocale ist der Hiatus gestattet, weil der Mißklang dann weniger hervortritt. Die angeführten Beispiele beweisen ferner, daß ein Vers den Wohlklang verliert, wenn jedes Wort desselben einen Fuß ausfüllt; in folgenden Daktylen

$$-\smile\smile\,|\,-\smile\smile\,|\,-\smile\smile$$
Freudiger jubelten muthige Jünglinge,

fehlt jeder fließende Zusammenhang. Bei Bildung eines Verses aus einsylbigen Wörtern tritt ebenfalls Zerrissenheit ein.

Die Griechen haben bei Bildung der Verse die Füße entweder einzeln oder doppelt gemessen: der einzelne Fuß wird in der Messung Monopodie, der doppelte Dipodie genannt. Bei den Jamben, Trochäen und Anapästen bilden zwei Füße ein Metrum, während bei den übrigen das Metrum nur aus einem Fuß besteht. Die Ursache dieser verschiedenen Messungen ist darin zu suchen, daß die Füße der Jamben, Trochäen und Anapästen kein vollständiges Maaß bilden wie die übrigen Füße:

durch Zusammenziehung wird das Maaß größer und die rhythmische Bewegung der Rede ruhiger. Der Anapäst unterscheidet sich in der Bewegung nur wenig vom Jambus. Der Pyrrichius wird ebenfalls dipodisch gemessen und kann durch die Kraft der Arsis die Länge des Trochäus und anderer Versfüße repräsentiren.

Nachdem nun die Monopodie oder Dipodie in einem Verse einmal oder öfter enthalten ist, wird derselbe Monometer, Dimeter, Trimeter, Tetrameter, Pentameter oder Hexameter genannt. Der Monometer besteht also aus einem Fuß oder aus einer Dipodie, der Hexameter hingegen aus sechs Füßen. Folgende Verse

$$\bar{\cup} \; \acute{-} \; \cup \; -$$
Wie wunderschön
Ist doch Natur,
Wie prangt der Wald,
Wie lacht die Flur!

sind somit als jambische Dipodie ein Monometer, während die nachstehenden Verse von Schiller

$$-\cup\cup \,|\, -\cup\cup \,|\, -\cup\cup \,|\, -\cup$$
Ehret die Frauen, sie flechten und weben
Himmlische Rosen in's irdische Leben,

einen Tetrameter bilden, weil sie aus Daktylen mit trochäischem Schluß bestehen.

Die Verse schließen nicht immer mit der metrischen Periode, da die Bildung derselben so überaus mannigfaltig ist; in diesem Falle tritt Unvollständigkeit ein und der Vers wird katalektisch genannt. Schließt der Vers in der Mitte der Periode wie der folgende,

$$\acute{-}\cup \; - \; \bar{\cup} \,|\, \acute{-} \; \cup$$
Herrlich prangt die Blume

so bezeichnet man denselben als brachykatalektisch. Die nachstehende Reihe

$$\smile\ -\ \smile\ -\ |\ \smile$$
Die Sonne leuch-tet.

ist überzählig und somit **hyperkataleftisch**. Wird vor dem Schluß wie in folgendem Beispiel abgebrochen,

$$-\ \smile\ -\ \smile\ |\ -\ \smile$$
Mächtig wogt die dunkle Flut.

so wird der Vers **kataleftisch** genannt, schließt derselbe jedoch richtig wie in folgendem Dimeter,

$$-\ \smile\ \smile\ |\ -\ \smile\ -\ \smile$$
Laut rauschen der Bäume Wipfel.

so ist er als vollständig, als **akataleftisch** zu bezeichnen.

Wir haben jetzt den Unterschied zwischen dem Jambus und dem Trochäus darzulegen. Der Trochäus unterscheidet sich vom Jambus dadurch, daß derselbe in Arsis anhebt, also sofort die freie Ursache hinstellt, welche die Wirkung, nämlich die Thesis, nach sich zieht; im Jambus hingegen ist die freie Ursache im Anfang ideell vorhanden und deshalb beginnt derselbe in Thesis. Da jedoch die rhythmische Bewegung beim Jambus erst mit der Arsis wie beim Trochäus eintritt, so müssen beide Verse ganz gleiche Bewegung haben. Allein beim Trochäus ist die Umwandlung zum Spondeus $-\ \smile\ -\ \smile$ am Schluß der Dipodie statthaft, weil die letzte Sylbe ein unbestimmtes Maaß hat, während beim Jambus das unbestimmte Maaß $\smile\ -\ \smile\ -$ der ersten Sylbe zu Theil wird, und hiedurch wird die fast unerklärbare Verschiedenheit beider Verse hervorgerufen.

Außer obiger Umwandlung kann jedoch die Länge in zwei Kürzen aufgelöset werden, wie folgendes Schema zeigt.

$$\smile\smile\ \smile\ -\ \smile \qquad \smile\ \smile\smile\ \smile\ -$$

Es ist auch die Auflösung der Kürze in zwei Kürzen statthaft, dieselbe darf indessen nicht am Anfang oder am Schluß eines Verses stattfinden, wie wir bald bestimmter andeuten werden.

Die letzte Sylbe eines Verses bleibt ohne Auflösung, und beim accentuirten Vers- um so mehr, da dieselbe bei Bildung des Reimes besondere Bedeutung erlangt.

Bei daktylischen Versen findet selten Auflösung, sondern nur Umbildung zum Spondeus statt; anders verhält es sich mit anapästischen Versen, wo Auflösung und Umbildung gestattet ist, wie folgende Aufstellung darlegt.

$$\smile\smile \mid \stackrel{\prime}{\smile\smile} \mid \smile\smile \mid \underline{}\underline{}$$

Die Umbildung zum Daktylus haben sich indessen nur die griechischen Dramatiker erlaubt, und in diesem Falle ruht die Arsis auf den beiden kurzen Sylben, denn die gesetzmäßige Folge von Arsis und Thesis kann niemals aufgehoben werden. Es sei hiebei bemerkt, daß Auflösung einer langen Sylbe in zwei Kürzen und Zusammenziehung zweier Kürzen zu einer Länge in jeder Versart stattfinden können, sobald die Schönheit des Rhythmus hiedurch nicht benachtheiligt wird. Wir haben bereits mitgetheilt, daß der Anapäst sich in der Bewegung nur wenig vom Jambus unterscheidet, sobald sorgfältige Messung der Sylben beobachtet wird, und unsere Dichter beginnen deshalb den anapästischen Vers gewöhnlich mit dem Jambus, wie aus folgendem Gedicht von Platen zu ersehen ist.

>Wie rafft' ich mich auf in der Nacht, in der Nacht
>Und fühlte mich fürder gezogen,
>Die Gassen verließ ich, vom Wächter bewacht,
>Durchwandelte sacht
>In der Nacht, in der Nacht
>Das Thor mit dem gothischen Bogen.
>
>Der Mühlbach rauschte durch felsigen Schacht,
>Ich lehnte mich über die Brücke,
>Tief unter mir nahm ich der Wogen in Acht,
>Die wallten so sacht
>In der Nacht, in der Nacht,
>Doch wallte nicht eine zurücke.

Es drehte sich oben, unzählig entfacht,
Melodischer Wandel der Sterne,
Mit ihnen der Mond in beruhigter Pracht,
Sie funkelten sacht
In der Nacht, in der Nacht
Durch täuschend entlegene Ferne.

Ich blickte hinauf in der Nacht, in der Nacht,
Ich blickte hinunter auf's Neue:
O wehe, wie hast du die Tage verbracht,
Nun stille du sacht
In der Nacht, in der Nacht,
Im pochenden Herzen die Reue.

Die Bewegung der Anapästen wird in obigem Gedicht zuweilen gehemmt, weil die kurzen Sylben hin und wieder zuviel Quantität empfangen haben; bei richtiger Messung wird die Bewegung folgende sein,

$$\smile\smile\acute{-}\smile\smile\; -\; |\; \smile\smile\acute{-}\smile\smile\; -$$
In Gefahren erwacht die ge-wal-ti-ge That.

woraus wir das schöne Verhältniß erkennen können, welches die Anapästen schmückt.

Wir wenden uns jetzt von der Lyrik zu den Versen größerer Dichtungen hin. Wenngleich der Genius in jeder Versart Schönheit bieten wird, so muß doch in Betracht gezogen werden, daß zur Vollendung in der Dichtkunst Mannigfaltigkeit der Form gehört; unsere Dichter wählen aber gewöhnlich das einförmige jambische Metrum. Man zählt bei größeren Dichtungen zehn oder elf Sylben, läßt den Accent des Wortes mit der rhythmischen Arsis zusammenfallen und ertheilt in jedem Verse einer der Sylben erhöhte Hebung. Dieser Vers wird bei monopodischer Messung der fünffüßige Jambus genannt, und wegen seiner raschen Bewegung zum dramatischen Dialog gewählt. Göthe sowohl als Schiller haben ihm Vollendung verliehen. Die poetische Rede gewinnt, wenn man hin und wieder wie in folgendem Beispiel

$$\bar{u} \_ \cup \_ \mid \_ \cup \cup \_ \mid \_ \_ \cup \_$$
    Voll Trauer flüch-te-te die sanfte Frau.

eine Kürze statt der Länge hinstellt und somit Wechsel in der Bewegung hervorruft; die Bildung des Verses wird hiedurch allerdings unrichtig. Schiller hat in der Tragödie gleich im Anfang des Verses

    Höre mich, Mutter.
                    Mutter, höre mich.

der Abwechslung wegen die trochäische Bewegung angeschlagen.

    Die Bildung dieses Verses ist nicht schwierig, die Einförmigkeit der poetischen Rede ist aber auch nicht zu tilgen. Der Schöpfer des Nibelungenliedes suchte dieselbe zu mildern, indem er seinen Versen sechs Hebungen ertheilte, und diese durch die Cäsur in der Mitte schied; mit den Senkungen wurde nun abgewechselt, diese wurden nach Belieben bis acht oder neun vermehrt, oder bis vier verringert. Auf diese Weise erhielt das Metrum Mannigfaltigkeit. Man strebte jedoch in neuerer Zeit nach weitergehender Freiheit oder Leichtigkeit und wählte zu größeren Dichtungen den fünffüßigen Jambus. Dieser Vers ist ein brachykatalektischer Trimeter, und wurde im Alterthum mit Beobachtung verschiedener Cäsuren im Dialog des Drama, sowie im lyrischen Gedicht in Verbindung mit anderen Versen in seiner Vollständigkeit verwendet. Vielleicht wird derselbe auch bei uns im Dialog der Tragödie zu verdienten Ehren gelangen, sobald die Neigung zur klassischen Literatur wieder aufwacht, wozu allerdings jetzt wenig Hoffnung vorhanden ist. Hier folgen die Cäsuren, die der Rede eine schöne Abwechslung gewähren.

$$\bar{\cup} \_ \cup \_ \parallel \bar{\cup} \_ \cup \_ \parallel \bar{\cup} \_ \cup \_$$
$$\cup \_ \cup \_ \bar{\cup} \parallel \_ \cup \_ \bar{\cup} \parallel \_ \cup \_$$
$$\bar{\cup} \_ \cup \_ \parallel \bar{\cup} \_ \cup \_ \bar{\cup} \parallel \_ \cup \_$$
$$\cup \_ \cup \_ \bar{\cup} \parallel \_ \cup \_ \parallel \bar{\cup} \_ \cup \_$$

Römische Dichter nannten diesen Vers den jambischen Senar und gebrauchten ihn in der Lyrik mit folgender Cäsur und auch mit folgenden Auflösungen:

$$\breve{-} \; \underline{\smile} \; \smile \; \underline{\smile} \; \Big| \; \breve{-} \; \Big\| \; \underline{\smile} \; \smile \; -- \; \Big| \; \underline{\breve{\smile}} \; \underline{\smile} \; \smile \; \underline{\smile}$$

Die Mannigfaltigkeit in der Bildung ist einleuchtend. Hier erkennen wir auch, daß die Auflösung der Kürze in zwei Kürzen nur beim Beginn der dritten Dipodie stattfinden darf. Dieser Vers wurde von neueren Dichtern hervorgesucht und Alexandriner genannt. Man streifte alle Mannigfaltigkeit der Bewegung hinweg und verlegte die Cäsur in die Mitte; der Rhythmus wurde somit verändert, statt eines dipodischen Trimeters schuf man bei einfacher Messung der Füße einen tripodischen Dimeter, wie aus folgendem Schema zu ersehen ist.

$$\smile - \smile - \smile - \; \| \; \smile - \smile - \smile - \smile$$

Der Name Alexandriner wird von einem Franzosen Alexander von Bernay abgeleitet, der diesen Vers zuerst gebildet haben soll; die Benennung wird indessen mit gleichem Recht von einer gereimten Chronik über Alexander den Großen abgeleitet, die in diesem Metrum geschrieben ist. Der Verfasser dieser Chronik soll gleichfalls den Namen Alexander geführt haben. Thatsache bleibt, daß der Franzose Jobelle den Alexandriner in Aufnahme brachte und deutsche Dichter ihn bald nachahmten. Man benutzte diesen Vers vor nicht zu langer Zeit zu kleinen Komödien. Rückert hat seinem epischen Gedicht „Rostem und Suhrab" ebenfalls diesen Vers ertheilt, der nur durch Abwechslung der männlichen und weiblichen Reime einigen Zauber empfangen kann. Hier folgt der Beginn des Gedichts:

Laßt aus dem Heldenbuch der Perser euch berichten
Von Rostem und Suhrab die schönste der Geschichten,
Von Heldenruhm, wie leicht er Frauenlieb' erwarb,
Und wie der eigne Sohn, erlegt vom Vater, starb.

Platen schrieb sein Epos „die Abassiden" in Trochäen

ohne Reim; allein die Einförmigkeit der metrischen Rede wurde selbstverständlich hierdurch nicht aufgehoben, sondern eher erhöht, obgleich ein eingeflochtener Daktylus diesem Metrum hin und wieder einige Abwechslung zu gewähren vermag.

Die Griechen wählten zu ihren epischen Gesängen den Hexameter, der deshalb der heroische Vers genannt wird, und römische Dichter sind diesem würdigen Beispiele gefolgt. Dieser Vers ist der älteste und zugleich der schönste aller Verse. Pythagoras nannte die Plejaden die Leier der Muse, weil im griechischen Mythus eine derselben, Maja, die Mutter des Hermes war, und die Plejaden sollten den Hexameter erfunden haben. Einer Mittheilung von Pausanias zufolge war jedoch die erste delphische Priesterin die Erfinderin dieses Verses. Herodot berichtet, daß er zu Branchis im Tempel des ismenischen Apoll auf einigen Dreifüßen Hexameter mit kadmeischen oder phönikischen Schriftzügen eingegraben gesehen habe und führt somit den Vers in die Zeit des thebischen Königs Lajus zurück; dieser war ein Urenkel des Kadmus. Hieraus ist abzunehmen, daß die Bildung des Hexameter dem fernsten Alterthum gehört. Der Vers besteht aus sechs Daktylen, von denen jedoch der letzte der Abrundung wegen zu einem Spondeus oder Trochäus umgewandelt wird. Die vier ersten Daktylen können ebenfalls zu Spondeen umgebildet werden, der fünfte jedoch bleibt unverändert. Die Dichter sind indessen auch hievon abgewichen und haben den fünften Fuß ebenfalls zum Spondeus umgebildet, wodurch die Schönheit des Rythmus allerdings benachtheiligt wird. Hier folgt das Schema.

$$-\smile\smile\ -\smile\smile\ -\ \|\ \smile\smile\ -\ \smile\smile\ -\smile\smile\ -\smile$$

Der dritte Fuß wird durch die Cäsur getrennt und der Vers hierdurch in zwei Perioden getheilt; diese Cäsur wird „Pentemimeres" genannt. Die Dichter setzen jedoch häufig die Cäsur um eine Sylbe weiter und trennen somit die Thesis des dritten Fußes. Ebenso häufig wird der Vers durch zwei Cäsuren in drei Perioden getheilt, man trennt den zweiten und vierten Fuß und der Hexameter empfängt dann folgende Bildung:

$$-\smile\smile\ -\ \|\ \smile\smile\ -\ \smile\smile\ -\ \|\ \smile\smile\ -\ \smile\smile\ -\ \smile$$

Der Dichter hat jedoch völlige Freiheit, die Füße nach seinem Ermessen zu scheiden, der Vers kann durch sechszehn verschiedene Cäsuren durchschnitten werden und immer bleibt die Bildung schön; hier wird vom musikalischen Ohr die Regel aufgestellt, welchem der Schöpfer der poetischen Rede zu gehorchen hat, um Abwechslung zu erzielen.

Man sieht, welche Mannigfaltigkeit der Vers darbietet. Der Arsis steht immer die gleiche Länge der Thesis gegenüber. Leidenschaft, Fülle der Kraft, würdevolle Ruhe und Lieblichkeit vermag der Vers in seiner Bewegung einzukleiden. Die Theoretiker haben deshalb keine Versform so fleißig durchforscht und erläutert, als den Hexameter, und es ist nicht zu leugnen, daß der Dichter in diesem Verse seinem Gedanken und Bilde den bezeichnendsten Ausdruck zu geben vermag.

Der Hexameter ruhte im Mittelalter, wurde später zuweilen wieder hervorgesucht, bis Klopstock mit drei Gesängen des Messias hervortrat. Hierauf hat Voß dem Hexameter Verbreitung verschafft. Allein bis dahin ist keinem deutschen Dichter das vollendete Bilden dieses Verses gelungen, weil die sorgfältige Messung der Sylben vernachlässigt wurde; nur hiedurch wird der Vers schön, nur hiedurch wird die Rede fließend und natürlich. Wir lassen die ersten Verse aus Göthe's trefflicher Dichtung „Herrmann und Dorothea" folgen.

Hab' ich den Markt und die Straßen doch nie so einsam gesehen!
Ist doch die Stadt wie gekehrt! wie ausgestorben! Nicht funfzig,
Däucht mir, blieben zurück, von allen unsern Bewohnern.
Was die Neugier nicht thut! So rennt und läuft nun ein Jeder,
Um den traurigen Zug der armen Vertrieb'nen zu sehen.
Bis zum Dammweg, welchen sie ziehn, ist's immer ein Stündchen,
Und da läuft man hinab im heißen Staube des Mittags.

Obige Verse wurden von Platen getadelt. Der Hexameter schreitet in grader Bewegung fort, und da der Dichter die Sylben nicht gemessen hat, so geht die Bewegung der Verse häufig in das ungrade Verhältniß über, und hieraus erfolgt das ungleiche Fortschreiten der Verse. Es steht nämlich der Arsis nicht immer die Thesis von gleicher Länge gegenüber. Der Mangel an Messung ist auch die Ursache zu häufiger Anwendung einsylbiger Worte, denn hieburch wird die Bewegung jedes Verses gehemmt, mag derselbe noch so kurz sein. Wir bezeichnen zum Verständniß einige Fehler obiger Versbildung.

Im zweiten Verse beginnt der Daktylus:

Ist doch die

Hier hat die Thesis fast die doppelte Länge der Arsis. Gleich darauf steht ein Trochäus statt des Spondeus, folglich ist die Thesis zu kurz:

$$- \; - \; | \; - \; \cup \; | \; \cup \; | \; - \; -$$
ausge-storben! Nicht funfzig

Ebenso im dritten Verse:

$$- \; - \; | \; - \; \cup \; \cup \; | \; - \; \cup$$
allen unsern Bewohnern.

Im vierten Verse ist die Messung noch mehr vernachlässigt:

$$- \; - \; | \; - \; \cup \; \cup \; | \; - \; - \; | \; - \; - \; | \; - \; \cup \; \cup \; | \; - \; \cup$$
Was die Neugier nicht thut! So rennt und läuft nun ein jeder,

das Wort „Neugier" $- \; -$ ist ein vollständiger Spondeus, beide Sylben haben zwei Vokale und somit kann dieses Wort in keinem Daktylus verwendet werden. Der sechste Vers ist richtig gemessen:

−́ −͝ | −́ − | −́ ⏑ ⏑ | −́ −͝ | −́ ⏑ ⏑ | −́ ⏑
Bis zum Dammweg, welchen sie ziehn, ist's immer ein Stündchen,

Wie schön ist der Fortgang dieses Verses! Das Ohr empfindet sogleich die Richtigkeit der rhythmischen Bewegung.

VI.

Strophe.

Das metrische Ganze, als vollständig abgeschlossen, kann nur durch die Verbindung mehrerer Verse gewonnen werden, und diese nennt man Strophe. Der logische Gedanke empfängt hiemit zugleich seinen Abschluß.

Die Bildung der Strophe fand ursprünglich nur im lyrischen Gedicht statt. Sollen wir den Begriff der Strophe in der Kürze darlegen, so müssen wir vorher bemerken, daß wir das lyrische Gedicht nicht von der Melodie trennen. Die Strophe ist nichts anderes als der einmalige volle Erguß der Stimme des Gesanges. Sie ist ferner der volle abgeschlossene Erguß des Gesanges, in welchem ebensowohl Gedanke und Empfindung des Gedichts, als auch die Melodie ihren einmaligen Abschluß finden. Dieser Erguß wiederholt sich in jeder folgenden Strophe.

Hieraus geht die Verschiedenheit der Strophen in der Form je nach dem Inhalt der Dichtung hervor. Ferner fordert der Einzelgesang selbstverständlich eine andere Bildung als der Chorgesang, und dieses um so mehr, wenn das lyrische Gedicht von mehreren Chören hintereinander gesungen wird, wie dies im Alterthum beobachtet wurde. Die Strophe für den Einzelgesang kann nicht einen so großartigen Bau empfangen, wie die Strophe für den Chorgesang; wohl kann sie kunstreicher geglierert werden, allein sie muß immer von geringerem Umfange sein, weil sie nicht das Gefühl der Masse ausspricht.

Soll die Strophe dem Gedanken und der Empfindung Ausdruck in schöner Form verleihen, so muß sie ein Ganzes voll Harmonie bilden und zugleich leicht verständlich sein. Die Griechen gaben der Strophe diese Harmonie durch metrische Gliederung, indem sie dieselbe aus verschiedenen Theilen zusammensetzten, und nach dem Vorbilde des einzelnen Verses, oder der einzelnen Perioden desselben, Hebung und Senkung, nämlich Arsis und Thesis verliehen. Denn nur durch die Verbindung des als Arsis und Thesis hervortretenden Gegensatzes kann in einem metrischen Ganzen die Harmonie hergestellt werden. Dieses wollen wir sogleich durch folgende Strophe zum klaren Verständniß bringen.

> Erquicke mich dein Schäumen, bewegte Flut:
> Zum Gange stehn laut brausend die Wogen auf,
> Und hochgewölbt zum Strande wallend
> Schlagen sie Felsengestein im Sterben.

Die beiden ersten Verse von gleicher Bildung haben die Arsis oder die Hebung empfangen, mit dem dritten Verse beginnt jedoch die Thesis oder die Senkung. Wäre die Strophe aus gleichen Theilen gebildet, so würde der Gegensatz fehlen.

Die Griechen verbanden die Strophen im Drama und in Dichtungen für den Chorgesang durch die Gegenstrophe, und nach dem Vorbilde dreifacher Theilung durch die Schlußstrophe, die Epode. Dies ertheilte der lyrischen Schöpfung einen vortrefflichen Abschluß, und verweisen wir als Beispiel auf Abschnitt XIX am Schluß dieses Werkes. Bei anderen lyrischen Dichtungen fand diese Gliederung nicht statt.

Den Reimgedichten ist jedoch obiger Gegensatz fremd, denn die Wiederholung derselben Reime in der Gegenstrophe würde nicht die Empfindung des Gegensatzes erwecken, sondern eintönig klingen. Auch ist das Reimgedicht durch den Wechsel der männlichen und weiblichen Reime gleichsam im kleineren Umfange bereits strophisch und antistrophisch geordnet, und dies ist der Grund, weshalb die Versuche einiger Dichter mißlungen sind, Strophe und Gegenstrophe im Reimgedicht hinzustellen. Allerdings ist der Bau des Sonettes antistrophisch und epodisch, allein das Gedicht besteht immer nur aus einer einzigen vollständig abgeschlossenen Strophe, in welcher die innere antistrophische Construction hervortritt. Auch hier verweisen wir auf Abschnitt XII als Beispiel.

Bei der Bildung der Strophen ist wohl zu beachten, daß dieselben nicht an übermäßiger Länge leiden; der Geist darf sich nicht anstrengen müssen, um den Inhalt als ein Ganzes auffassen zu können. Die Strophe des Reimgedichts kann jedoch ziemliche Länge besitzen, denn im Reim läßt sich nicht nur ein größeres Ganzes zusammenfassen, sondern dessen Bildung verhindert auch den Dichter, dem Ausdruck Kürze zu verleihen. Es können Strophen verschiedener Form in einem Gedicht wechseln, allein die poetische Schöpfung wird hierdurch deklamatorisch.

Für das epische Gedicht wurde in Italien und Portugal die Stanze stehende Form. Dieselbe stammt aus Sizilien und besteht aus acht Versen in fünffüßigen Jamben mit weiblichen Reimen. Die ersten sechs Verse werden wechselnd im Reim gehalten, nämlich der erste, dritte und fünfte, dann wieder der zweite, vierte und sechste. Die letzten beiden Verse bekommen wieder einen Reim für sich, sie bilden den Gegensatz und somit den harmonischen Schluß der Strophe; hierdurch stellen sie die Aussöhnung des Widerstreites dar, welchen die dreifache Wiederkehr des Reimes in den ersten sechs Versen hervorgerufen hat. Der Gedanke muß auch hier mit jeder Strophe abschließen.

Die südlichen Sprachen eignen sich wegen ihrer klangvollen weiblichen Endungen vortrefflich zur Bildung der Stanze; dies haben italienische und portugiesische Dichter bewiesen. Immer entbehren jedoch ihre Verse der Kraft, sie bleiben matt und weichlich, wie klangvoll sie auch tönen. In unserer Sprache wechselt man bei Bildung der Stanze mit dem weiblichen und männlichen Reim, indem der letztere mehr Kraft verkündet und die matte Eintönigkeit durch denselben unterbrochen wird. Auch in der Lyrik haben unsere Dichter die Stanze angewendet. Wir stellen hier eine Bildung von Schiller in Verbindung mit anderen Strophen hin, um zugleich den Beweis zu liefern, daß der Wechsel der Strophenform den Character der Deklamation bedingt.

   Hör' ich das Pförtchen nicht gehen?
   Hat nicht der Riegel geklirrt?
    Nein, es war des Windes Wehen,
    Der durch diese Pappeln schwirrt

  O schmücke dich, du grün belaubtes Dach,
  Du sollst die Anmuthstrahlende empfangen!
  Ihr Zweige, baut ein schattendes Gemach,
  Mit holder Nacht sie heimlich zu umfangen.
  Und all' ihr Schmeichellüfte, werdet wach
  Und scherzt und spielt um ihre Rosenwangen,
  Wenn seine schöne Bürde, leicht bewegt,
  Der zarte Fuß zum Sitz der Liebe trägt.

   Stille, was schleicht durch die Hecken
   Raschelnd mit eilendem Lauf?
    Nein, es scheuchte nur der Schrecken
    Aus dem Busch den Vogel auf.

Zum klaren Verständniß obiger Formen möge hier ebenfalls eine Strophe von Lenau Platz finden, in welcher sich die metrische Rede von der Prosa kaum unterscheidet, und folglich fast jede Bildung von Vers und Strophe aufhört.

  Die Nacht ist grimmig kalt; o Wandrer, meide
  Den Schlaf; hörst du das Glöcklein nicht mehr schlagen,
  So wird's vom Rosse dir vorangetragen,
  Dein wandernd Sterbeglöcklein auf der Haide.

Ganz unmerklich werden wir durch das Tönen des Reims erinnert daß hier metrische Formen gebildet werden sind. Da wir so treffliche Meisterwerke als Vorbilder besitzen, so muß man sich wundern, daß so matte Schöpfungen dem Geist Befriedigung gewähren, in die Welt gesendet und gläubig als Werke der Kunst entgegen genommen werden.

VII.

Prosodie.

Prosodie heißt in unserer Sprache Anklang oder Zugesang, bedeutet aber die Melodie, welche durch Höhe und Tiefe der Töne hervorgerufen wird und jedem Worte seiner Natur nach eigenthümlich ist. Die Sylben erhalten bei richtiger Aussprache außer allem Zweifel verschiedenen Klang, nämlich einen höheren und tieferen, wie das Wort „Liebe" deutlich beweiset, indem wir beim Aussprechen desselben der ersten Sylbe Hebung, nämlich Accent, der zweiten jedoch Senkung ertheilen.

Auf dem Verhältniß des Accentes zur Quantität der Sylben beruht die Prosodie. Die lange Sylbe soll den Akutus oder hohen Ton, die kurze Sylbe hingegen den Gravis oder gesenkten Ton haben. Bei einem Worte mit zwei Sylben von gleicher Länge findet dasselbe statt, eine der Sylben empfängt den Akutus, die andere den Gravis. Dies stimmt sodann mit der rhythmischen Arsis und Thesis überein. In der Länge der Sylben, der Betonung und der metrischen Länge soll Harmonie walten, und ebenso umgekehrt in den Kürzen: hierauf beruht richtige Bewegung und Schönheit des Verses. Lesen wir folgenden Choriambus:

$$-\smile\smile-$$

Höchste Gewalt.

so finden wir obige Bedingung erfüllt, wollten wir jedoch aus den Worten

$$- \cup \cup -$$
$$\text{Achtung gewähr'}.$$

einen Choriambus bilden, so würde kein richtiges Verhältniß und folglich keine richtige Bewegung stattfinden; denn die zweite Sylbe des ersten Wortes nimmt vermöge ihrer Quantität bei richtiger Aussprache nicht allein ebensoviel Dauer zum Austönen in Anspruch, wie die erste Sylbe, sondern sie überwiegt aus gleichem Grunde die folgende Kürze, welches nach dem vorgeschriebenen Metrum nicht stattfinden darf.

Stellen wir jedoch das obige Wort in folgender Reihe hin:

$$- - | - \cup \cup | -$$
$$\text{Achtung werde gewährt}.$$

so finden wir Verhältniß und Bewegung wieder richtig, weil der Rhythmus die gleiche Dauer des Austönens von beiden Sylben fordert, und die Arsis des Versfußes zugleich mit dem Accent zusammenfällt, welcher auf der ersten Sylbe des Wortes ruht.

Ueber Messung und Betonung, also über Quantität und Intensität der Sylben unserer Sprache, haben bereits mehrere Schriftsteller ihre Ansicht ausgesprochen und Lehren hierüber aufgestellt. Es würde uns zu weit führen, hierauf einzugehen. Wehe jedoch dem Dichter, der nach diesen aufgestellten Lehren gemessene Verse bilden wollte. Ihm muß sein musikalisches Ohr das Gesetz vorschreiben, Quantität und Intensität der Sylben in Harmonie mit der rhythmischen Arsis und Thesis zu bringen, denn ohne musikalisches Gehör, ohne Empfänglichkeit für Länge und Kürze des Tons wird es ihm nie gelingen, einen Vers in seinen Füßen richtig zu messen und somit plastisch hinzustellen.

Hiemit wollen wir jedoch nicht die Ansicht befürworten, als wäre in unserer Sprache kein Gesetz der Prosodie aufzu=

stellen; dieses Gesetz ist in der Sprache vorhanden, es kann jedoch nur von demjenigen Dichter zur klaren Anschauung gebracht werden, welcher nach griechischem Vorbilde richtig gemessene Verse gebildet hat.

Es ist unbestritten, daß unsere Sprache ihre eigene Form hinsichtlich der Accente und der Quantität der Sylben besitzt, obgleich sie fast dieselben Prinzipe wie die griechische Sprache befolgt. Allerdings fehlen uns Wörter, welche den Accent auf die dritte Sylbe legen wie in dem Worte „Element". Sodann ertheilen wir auch Sylben den Accent, die geringere Quantität als die darauf folgende Sylbe ohne Accent besitzen, und in nachstehendem Amphimacer

$$- \cup -$$
Edler Fürst.

findet daher kein richtiges Verhältniß in Beziehung auf Quantität und Intensität der Sylben statt: die erstere überwiegt an Intensität vermöge des Accentes die zweite, nicht jedoch an Quantität. Ferner ertheilen wir in Wörtern, die aus zwei Sylben von gleicher Länge bestehen, wie in „wahrhaft", „Felskluft", „Liebreiz", immer der ersten Sylbe den Accent, und somit müssen wir zustimmen, daß in unserer Sprache die Accente vorherrschen. Aus diesem Grunde ist die Ansicht ausgesprochen worden, daß man in unserer Sprache den vollendeten Rhythmus nicht bilden könne, weil das quantitative und intensive Verhältniß nicht zu vereinigen sei, wodurch allein ein vollendeter Rhythmus geschaffen werden könne; ja man behauptete sogar, daß unsere Sprache einzig durch den Accent Längen und Kürzen empfange und keine anderen besitze. Wir dürfen nur folgenden trochäischen Dimeter hinstellen,

$$- \cup - \cup \mid - \cup - \cup$$
Laut ertöne, Lied der Liebe.

um solchen Ausspruch zurückweisen zu können. Hier fallen Quantität und Intensität mit der rhythmischen Arsis zusammen und die Verhältnisse sind harmonisch; es ist ganz unmöglich, obigem Verse eine andere Bewegung als die trochäische ertheilen zu können.

Wir stellen ein zweites Beispiel hin. Folgendem sapphischen Verse

$$-\cup - - -\cup \cup -\cup -\cup$$

Leise naht zum Schiffe die lichte Welle.

können wir gleichfalls keine andere Bewegung geben, als das Metrum fordert, auch hier sind die Verhältnisse harmonisch und die Füße des Verses mit völliger Bestimmtheit gemessen.

Wir haben ausgesprochen, daß in unserer Sprache der Accent vorherrsche, und man könnte nun die Frage aufwerfen, ob im Versbau der Accent mit der rhythmischen Arsis stimme, ob wir nämlich in folgendem Spondeus

$$- -$$

Unmuth.

der ersten Sylbe die Arsis ertheilen können, indem dieselbe an Quantität gegen die zweite zurücksteht. Diese Frage ist gewiß überflüssig. Der Accent waltet mehr oder weniger in jeder Sprache. Allerdings muß im Versbau die Quantität überwiegen, denn hierin liegt das Körperliche der Sprache, doch es ist sicher, daß neben dem quantitativen auch das intensive Verhältniß herrschen kann. Lesen wir nachstehende Verse,

$$- \cup\cup - \cup\cup - \| \cup\cup - \cup\cup - \cup\cup - \cup$$
$$\cup - \cup - \cup - \cup - \| - \cup\cup - \cup\cup -$$

Ach schon wieder bedrängt mich Zwiespalt, wieder im Herzen
  Der Liebe Sehnsucht mächtig gleich siegendem Zauber erglüht,
Wieder die süße Gewalt zu beglückendem Kosen den Geist lockt,
  Hemmt jeden Fleiß und scheucht die sanft winkende Ruhe hinweg.

so finden wir nicht allein bestimmte Messung und richtige Bewegung, sondern wir hören auch die zweite Sylbe des letzten Verses vermöge ihrer Intensität als Arsis ohne Störung hervortreten. Der sprachliche und rhythmische Accent müssen stets in einander greifen, und der eine darf nie durch den anderen aufgehoben werden.

Es ist nicht zu verkennen, daß wir in unserer Sprache sehr häufig den Sylben nicht die nöthige Dauer zum Austönen gewähren und hiedurch den prosodischen Werth derselben herabsetzen. Beim Aussprechen des Wortes „überall" geben wir gewöhnlich der letzten Sylbe den Accent und vernachläßigen den Diphthong der ersten Sylbe, während wir ihn im Substantivum „Ueberfall" richtig betonen. Unsere Lyriker nehmen sich nicht minder die Freiheit, einsylbige Wörter, wie „auch", „euch", „auf", „aus" unbedenklich als Kürzen und neben denselben einsylbige Kürzen wiederum als Längen hinzustellen, obgleich obige Sylben doch offenbar prosodischen Werth haben und somit nur eine Länge bilden können, weil sie zwei Vokale besitzen.

Der Ton ruht in unserer Sprache immer auf der Stammsylbe und fällt hiedurch mit der Länge zusammen; Längen und Kürzen scheiden sich hiedurch, denn die Stammsylbe behält immer die größere Quantität. Hiervon finden nur sehr wenige Ausnahmen statt. Es versteht sich, daß nicht alle Längen gleich sind, es kommt folglich immer auf deren Verbindung an, wie sie tönen. Wir dürfen nie vergessen, daß der Versbau eine Kunst ist. Es versteht sich ferner, daß wir Sylben besitzen, die ebensowohl eine Länge als auch eine Kürze repräsentiren können; auch hier kommt es einzig darauf an, wohin wir dieselben stellen. Steht eine solche Sylbe zwischen zwei Längen, so wird dieselbe ebenfalls zur Länge, bringen wir sie hingegen mit einer Kürze in Verbindung, so schwindet sofort jeder prosodische Werth. Die nachstehenden Verse mögen den Beweis geben.

$$- - - \cup - \cup - \cup$$
Ach wo bleibt der ersehnte Frühling.
Hin zum Meer, wo die Wogen brausen.

Im ersten Verse tönt die Präposition „wo" als eine Länge in Thesis, im zweiten Verse jedoch unbedingt als Kürze. Es sei hiebei bemerkt, daß wir in dem Worte „Wogen" den mittelsten Buchstaben zur ersten Sylbe zählen, da diese den Stamm bildet. Ferner hören wir in den Worten „du auch" die jambische Bewegung, die erste Sylbe muß kurz tönen, weil die zweite mehr Quantität besitzt; verändern wir jedoch die Stellung und sagen: „auch du", so bilden wir einen Spondeus und die letzte Sylbe erhält Länge in Thesis. Dasselbe Verhältniß findet in der griechischen Sprache statt. Der Dichter hat sich zu bemühen, Meister der Sprache und der Form zu werden, dann wird ihm sein musikalisches Ohr sofort verkünden, in welcher Verbindung die Sylben als Längen oder Kürzen angewendet werden müssen. Wir können die Sylben mit Bestimmtheit messen, ohne uns so kühne Versetzungen der natürlichen Wortfolge zu gestatten, wie griechische Dichter zuweilen gethan haben. Gottfried Hermann hat bereits die Ansicht ausgesprochen, daß unsere Sprache mit der griechischen wetteifern könnte, wenn unsere Dichter weniger Bequemlichkeit und das reine Gefühl der Griechen hätten.

VIII.

Zweige der lyrischen Dichtkunst.

Gasele und Makame.

Es haben sich in der lyrischen Dichtkunst je nach dem Inhalte und der Bestimmung der Gedichte verschiedene Formen und folglich bestimmte Scheidungen gebildet; in unserer Zeit sind neue Formen hinzugekommen, und der Zweck des gegenwärtigen Werkes gebietet uns, diese Scheidungen darzulegen. Wir können selbstverständlich die Dichtungen fremder Völker nicht ausschließen, sobald wir uns deren Formen angeeignet haben und beginnen daher mit der Gasele, einem Lobgedicht, das persischen Ursprungs ist. Dasselbe wurde von Rückert und Platen bei uns eingeführt.

Die Strophe der Gasele besteht aus zwei Versen und das Gedicht enthält nur einen Reim; dieser wird in der ersten Strophe hingestellt und dann im letzten Verse jeder Strophe wiederholt. Der erste Vers aller folgenden Strophen bleibt somit ohne Reim. Man kann der letzten oder der vorletzten Arsis den Reim ertheilen; empfängt die vorletzte Arsis den Reim, so wird das Wort des letzten Versfußes bei einfacher Messung ohne alle Veränderung immer nach dem Reim wiederholt. Dasselbe findet ebenfalls mit den Worten zweier Vers-

füße statt, wenn der Reim noch um eine Arsis zurückgelegt wird; allein in diesem Falle wird derselbe weniger vernommen und seine Wirkung vermindert.

Man läßt auch zuweilen in den Versen ein Wort immer wiederklingen und schlingt hiemit ein Band, an welches die Gedanken sich anreihen; diese Zierde ist jedoch überflüssig.

Das Gedicht kann nur kurz sein, weil es nur einen einzigen Reim besitzt; es ist jedoch schmuckvoll und ganz lyrisch. Das Metrum kann nach Belieben gewählt werden.

Gasele von Rumi, übersetzt von Rückert.

Ich sah empor und sah in allen Räumen Eines,
Hinab in's Meer und sah in allen Wellenschäumen Eines.

Ich sah in's Herz, es war ein Meer, ein Raum der Welten
Voll tausend Träum'; ich sah in allen Träumen Eines.

Du bist das Erste, Letzte, Aeuß're, Inn're, Ganze;
Es strahlt dein Licht in allen Farbensäumen Eines.

Du schaust von Ostens Grenze bis zur Grenz' in Westen,
Dir blüht das Laub an allen grünen Bäumen Eines.

Vier widerspänst'ge Thiere ziehn den Weltenwagen;
Du zügelst sie, sie sind an deinen Zäumen Eines.

Luft, Feuer, Erd' und Wasser sind in Eins geschmolzen
In beiner Furcht, daß dir nicht wagt zu bäumen Eines.

Der Herzen alles Lebens zwischen Erd' und Himmel
Anbetung dir zu schlagen soll nicht säumen Eines.

Die Makame ist eine arabische Dichtung, welche ebenfalls bei uns eingeführt wurde. Dieselbe besteht in einer Erzählung in gereimter Prosa, welche scharf, satyrisch und witzig, komisch und zugleich sentenzreich gehalten sein muß, und theils durch Räthsel, theils durch kurze Strophen geschmückt wird. Die Dichtung bezweckt scherzhafte Unterhaltung, wie der Name bereits verkündet; denn Makama bedeutet einen Raum oder Ort, wo mehrere Personen beisammen sitzen. Die Aufstellung eines vollständigen Beispiels dieser untergeordneten Dichtung müssen wir unterlassen; wir begnügen uns, den Anfang einer Makame von Hariri folgen zu lassen, um eine flüchtige Anschauung gewähren zu können.

Die zehn Reisenden.

Ich kam nach Melita mit leichter Seele — und schwer beladenem Kameele, — dann nach niedergelegtem Reisestabe — war ich nur bedacht auf meines Geldes Ausgabe, — hörte nicht auf, dem Wilde der Freude nachzujagen, — und den Bronnen der Lust nachzufragen, — und es ging mir niemals aus — Augenweide noch Ohrenschmaus, — noch Ergötzung und Vergnügung — und anmuthige Zeitbetrügung. — Als mir nun dort weiter blieb — zum längeren Aufenthalt kein Trieb, — verwandt' ich, was noch nicht war verlaufen — von des Goldes Haufen, — dazu, um Reisegeräth' zu kaufen ꝛc.

IX.

Terzine.

Die Strophe dieser Dichtung, die aus Italien stammt, wird aus drei Versen gebildet, wie der Name andeutet. Die Verse bestehen aus fünffüßigen Jamben und enden in Thesis mit weiblichen Reimen. Zwei Strophen sind immer durch zwei Reime verbunden. Der mittelste Vers bildet nämlich den Reim für den ersten und letzten Vers der nächsten Strophe: dies wird durch das ganze Gedicht fortgeführt. Der letzten Strophe wird sodann des Abschlusses halber derjenige Vers zugefügt, mit welchem bei Fortgang des Gedichts die nächste Strophe beginnen würde.

Die weiblichen Reime tönen matt, weil wir in unserer Sprache nicht jene klangvollen Endungen der Wörter besitzen, wie dieses in den südlichen Sprachen der Fall ist: deutsche Dichter wechseln deshalb auch wohl mit männlichen Reimen. Dante hat sein Epos in Terzinen geschrieben, dieselben eignen sich also für die Erzählung.

Man sieht, daß die Terzine eine Strophenform mit fortlaufender Verbindung ist. Wir fügen ein Gedicht von Rückert bei.

Edelstein und Perle.

Zu meiner Liebsten kam ich jüngst gegangen
   Und fand sie dort in ihrem stillen Zimmer,
Von holder Ruh' auf weichem Sitz umfangen.
Sie war dabei im schönsten Putz wie immer,
   Und von dem Tisch her trieb das Licht der Kerze
Sein loses Spiel mit ihres Schmuckes Schimmer.
Es hätte lieber, als daran im Scherze
   Im Ernst sich mögen an den Augen weiden,
Doch war ihm das versagt zu seinem Schmerze:
Vom Schlaf geschlossen waren sanft die beiden.
   Ich sah' es, kam mit leisen Tritten nah
Und setzte still mich neben ihr bescheiden.
Ich kann nicht sagen, wie mir da geschah:
   Ich hatte über sie mich hingebogen,
Daß ich sie unter mir aufathmen sah.
Vom Duft des Schlummers, der in leisen Wogen
   Auf ihres Busens Fülle schwamm, empfand
Ich einen Zauberkreis um mich gezogen;
Und ob die Scheu in mir gleich widerstand,
   Doch fühlt' ich mit dem Haupt, vom Dufte trunken,
Mich hingesunken an des Busens Rand.
Ich schien mir selber auch in Schlaf versunken;
   Nicht wundert mich's in diesem Anbetrachte,
Daß es die zwei auch mochte so bedunken,
Die jetzund an zu sprechen fingen sachte.
   Wol sollte, was sie sprachen, ihnen gelten
Allein, nicht mir, der ihnen unkund wachte.
Denn so was hört ein Mensch im Wachen selten,
   Als ich gehört an jener Stelle meine
Zu haben von Bewohnern zweier Welten.
Die Perle sprach mit einem Edelsteine.
   Gleich hatt' ich beid' erkannt an ihren Stimmen,
Hatt' ich gleich reden hören nie noch eine.
Denn anders reden Perlen, welche schwimmen
   Auf Meeresfluth, als die im eignen Lichte
Im dunklen Erdschacht, Edelsteine, glimmen.
Da sprachen sie, was ich euch hier berichte.

X.

Ritornell.

Diese Dichtung ist der Terzine ganz ähnlich und unterscheidet sich von derselben nur dadurch, daß der mittelste Vers durch Assonanz und Alliteration an die Verse der Strophe anklingt; die fortgehende Verbindung der Strophen findet folglich nicht statt. Die matte Einförmigkeit der Dichtung wird gemildert, wenn einer der Verse kürzer gehalten wird.

Es sei hiebei bemerkt, daß man mit dem Namen Ritornell auch eine musikalische Schöpfung bezeichnet, welche mit einem einleitenden Satze als Thema für die Variation der Solostimme beginnt und mit Wiederholung desselben Satzes schließt. Das beigefügte Gedicht ist ebenfalls von Rückert.

  Blüte der Mandeln!
  Du fliegst im Lenz voraus und streust im Winde
  Dich auf die Pfade, wo sein Fuß soll wandeln.

  Zierliches Glöckchen!
  Vom Schnee, der von den Fluren weggegangen,
  Bist du zurückgeblieben als ein Flöckchen.

  Bescheidnes Veilchen!
  Du sagest: „wenn ich gehe, kommt die Rose."
  Schön, daß sie kommt; doch weile noch ein Weilchen

Glänzende Lilie!
Die Blumen halten Gottesdienst im Garten;
Du bist der Priester unter der Familie.

Lilienstengel!
Zu einem Strauße bist du nicht geschaffen,
Dich tragen nur in Händen Gottes Engel.

XI.

Canzone und Sestine.

Die Canzone ist provençalischen Ursprungs und wurde sodann in Italien ausgebildet. Sie besteht aus Strophen und einer Schlußstrophe, die kürzer ist und eine Apostrophe des Dichters an seinen Gesang enthält. Die Zahl der Strophen ist unbestimmt, ebenso die Zahl der Verse, welche die Strophe enthält. Die Versform und Reimstellung wählt der Dichter frei, doch bleiben sie sodann in allen Strophen gleichförmig. Kürze und Länge der Strophen, sowie des ganzen Gedichts, haben jedoch Begrenzung: die Strophe darf nicht unter sieben und nicht über zwanzig Verse, das Gedicht nicht unter fünf und nicht über zehn Strophen enthalten. Der Inhalt kann sowohl ernst als heiter sein.

Die Sestine wurde ebenfalls in Italien ausgebildet und besteht aus sieben Strophen; dieselben enthalten sechs, die letzte jedoch nur drei Verse. Das Gedicht ist ohne Reim, die Schlußworte der ersten Strophe kehren aber in veränderter Folge in allen Strophen wieder und zwar so, daß das Schlußwort jeder Strophe zugleich das Schlußwort des ersten Verses der nächsten Strophe bildet. Auf diese Weise tönen die sechs Schlußworte der ersten Strophe sechsmal in anderer Stellung. Die drei Verse der letzten Strophe lassen nun in der Mitte und am Schluß diese sechs Schlußworte nochmals wiedertönen und das Gedicht ist somit nichts als Spielerei. Wir unterlassen die Aufstellung von Beispielen beider Dichtungen.

XII.

Sonett.

Im dreizehnten Jahrhundert empfing das Sonett durch Guido von Arezzo seine jetzige Form und wurde dieselbe durch Petrarca bis zur Vollendung fortgebildet. Weckherlin, Flemming und Opitz schrieben zuerst deutsche Sonette, doch gewöhnlich in Alexandrinern, und dies mochte die Ursache sein, daß sie nicht beachtet wurden. Hierauf führte Bürger das Sonett wieder ein, und seitdem haben Göthe, Tieck, Platen, Uhland, Rückert und andere Dichter Treffliches in dieser Form geleistet.

Das Sonett besteht aus vier Strophen mit vierzehn Versen, die in fünffüßigen Jamben geschrieben sind. Jede der beiden ersten Strophen enthält vier, jede der beiden letzten Strophen hingegen drei Verse. Hieraus erhellt, daß die Dichtung beim Enden der beiden ersten Strophen einen Abschnitt bekommt; die letzten Strophen sind als Gegensatz hingestellt worden und verleihen der Form hiedurch eine treffliche Abrundung.

Der Reim dieses Gedichts kann verschieden gebildet werden. Die ersten beiden Strophen werden stets gleich im geschlossenen Reim gehalten; derselbe bindet die ersten und letzten, sowie die zweiten und dritten Verse jeder Strophe, folglich haben beide Strophen zwei gleiche Reime. Die beiden letzten Strophen werden ebenfalls durch zwei Reime gebunden und zwar dadurch, daß jede Strophe einen Reim der anderen in ihre Mitte nimmt. Der mittelste Vers empfängt somit immer den Reim der anderen Strophe. Die Verschlingung wird der Kettenreim genannt. Man kann indessen den letzten Strophen auch drei Reime ertheilen, und in diesem Falle bindet man sie dadurch, daß die Verse der dritten Strophe mit denen der letzten in richtiger Folge gereimt werden. Man nennt dieses den **Gedrittreim**.

Blicken wir auf die Form des Sonettes hin, so müssen wir die beiden ersten, durch den Reim verbundenen, Strophen als Satz oder Arsis, die beiden letzten, ebenfalls durch den Reim verbundenen, Strophen als Gegensatz oder Thesis betrachten. Die Dichtung besteht folglich nur aus einer einzigen Strophe mit innerer antistrophischer Construction.

Das Sonett ist ein liebliches Gedicht, sobald in den beiden ersten Strophen der Gedanke voll Widerstreit entwickelt, in den beiden letzten Strophen jedoch der Form gemäß der Gegensatz als Versöhnung hingestellt wird; außerdem bleibt es ein matter Wortklang, der durch die weiblichen Reime noch erhöht wird, da alle Verse in Thesis enden. Selten bieten uns unsere Dichter ein Sonett, welches obigen Forderungen vollständig genügt. Wohl kann man in das Gedicht sinnige Gedanken und Empfindung, jedoch niemals Kraft in Verbindung mit wirklicher Tiefe legen.

Sonett von Platen mit dem Kettenreim.

Dir ist's, o frommer Sophokles, gelungen,
Den Punkt zu schau'n, wo Gott und Mensch sich scheidet,
Und was in ird'sche Worte du gekleidet,
Das ward vom Himmel aus dir vorgesungen.

Du bist in's Inn're dieser Welt gedrungen
Und kennst zugleich, was auf der Fläche weidet:
Was nur ein Menschenbusen hofft und leidet,
Du sprachst es aus mit deinen tausend Zungen.

Nie bist du kühl zur Nüchternheit versunken,
Du sprühtest in erhabener Verschwendung
Der goldnen Flamme lichte, dichte Funken.

An dich erging die heil'ge, große Sendung,
Du hast den Rausch der Poesie getrunken
Und schimmerst nun in strahlender Vollendung.

Sonett von Göthe mit dem Gedrittreim.

Am jüngsten Tag, wenn die Posaunen schallen
Und alles aus ist mit dem Erdeleben,
Sind wir verpflichtet, Rechenschaft zu geben
Von jedem Wort, das unnütz uns entfallen.

Wie wird's nun werden mit den Worten allen,
In welchen ich so liebevoll mein Streben
Um deine Gunst dir an den Tag gegeben,
Wenn diese bloß an deinem Ohr verhallen?

Darum bedenk', o Liebchen! dein Gewissen,
Bedenk' im Ernst, wie lange du gezaubert,
Daß nicht der Welt solch' Leiden wiederfahre.

Werd' ich berechnen und entschuld'gen müssen,
Was alles unnütz ich vor dir geplaudert,
So wird der jüngste Tag zum vollen Jahre.

XIII.

Gloſſe.

Die Gloſſe iſt ein ſpaniſches Gedicht und wurde durch A. W. und Friedrich Schlegel bei uns eingeführt. Es wird eine Strophe als Thema hingeſtellt, und jede Strophe des Gedichts ſchließt der Reihe nach mit einem Verſe aus dem Thema. Zahl der Verſe des Thema und Zahl der Strophen der Gloſſe ſind ſich demnach gleich, und das Gedicht erhält ſelbſtverſtändlich das Metrum des Thema. Man läßt gewöhnlich im Inhalt den Scherz walten. Folgende Gloſſe iſt von Uhland.

Die Nachtſchwärmer.

     Eines ſchickt ſich nicht für Alle,
     Sehe Jeder, wie er's treibe,
     Sehe Jeder, wo er bleibe
     Und wer ſteht, daß er nicht falle.
          Göthe.

Der Unverträgliche.

Stille ſtreif' ich durch die Gaſſen,
Wo ſie wohnt, die blonde Kleine;
Doch ſchon ſeh' ich Andre paſſen
Und mir war's im Dämmerſcheine,
Einer würd' hineingelaſſen.
Regt es mir denn gleich die Galle,
Daß ſie Andern auch gefalle?
Sei's! Doch kann ich nicht verſchweigen:
Jeder hab' ein Liebchen eigen!
Eines ſchickt ſich nicht für Alle.

Der Hülfreiche.

Zu dem Brunnen mit den Krügen
Kommt noch spät mein trautes Mädchen,
Rollt noch rasch mit kräft'gen Zügen
Husch! die Kette um das Rädchen;
Ihr zu helfen, welch' Vergnügen!
Ja ich zog mit ganzem Leibe,
Bis zersprang des Rädchens Scheibe.
Ist es nun auch stehn geblieben,
Haben wir's doch gut getrieben.
Sehe Jeder, wie er's treibe.

Der Vorsichtige.

Zwölf Uhr! ist der Ruf erschollen
Und mir sinkt das Glas vom Munde.
Soll ich jetzt nach Haus mich trollen
In der schlimmen Geisterstunde,
In der Stunde der Patrollen?
Und daheim zum Zeitvertreibe
Noch den Zank von meinem Weibe!
Dann die Nachbarn, bäm'sche Tadler!
Nein, ich bleib' im goldnen Adler,
Sehe Jeder, wo er bleibe.

Der Schwankende.

Ei, was kann man nicht erleben!
Heute war's doch Sommerhitze,
Und nun hat's Glatteis gegeben;
Daß ich noch auf's Pflaster sitze
Muß ich jeden Schritt erleben;
Und die Häuser taumeln alle,
Wenn ich kaum an eines pralle.
Hüte sich in diesen Zeiten,
Wer da wandelt, auszugleiten,
Und wer steht, daß er nicht falle

XIV.

Parabel, Legende und Idylle.

In der Parabel entwickelt der Dichter eine Idee durch ein hingestelltes Gleichniß und verleiht derselben hiedurch eine mehr sinnliche Anschauung. Durch das fortgesetzte Vorhalten eines Bildes wird die minder anschauliche Idee gleichsam verkörpert und somit leichter begriffen, jedoch müssen Idee und Bild etwas gemein haben, weil außerdem die erstere durch das letztere nicht zur Anschauung gebracht werden könnte. Da die Idee immer in dem fortgesetzten Gleichniß enthalten ist, so kann die Parabel nur durch die recitirende Kunst gebildet werden. Dieselbe hat einen didaktischen Zweck, ist ein Lehrgedicht und wir finden daher in der Bibel die herrlichsten Parabeln hingestellt.

Die Allegorie hat Aehnlichkeit mit der Parabel. Auch diese kann von der Dichtkunst hingestellt werden, obgleich sie Eigenthum der bildenden Kunst ist. Die mythologischen Dichtungen der ältesten Völkerschaften sind allegorisch, sie sind ein Räthsel, dessen geheimnißvollen Schleier man erst hinwegziehen muß, um die Idee des Bildes erkennen zu können. Die Allegorie verhüllt also die Idee, während die Parabel sie klar darlegt.

Die Allegorie in der Dichtkunst ist eigentlich die Fortbildung einer Metapher, die ebenfalls ein Gleichniß ist. Stellt der Dichter in seiner poetischen Rede etwa folgendes Gleichniß auf: „die Wange brennt!" so ist das Gegenbild, das Feuer, fortgelassen worden; das Gleichniß ist somit nicht vollständig entwickelt, sondern abgekürzt, weil es leicht begriffen wird: dies ist die Metapher. Durch Versinnlichung der Idee vermittelst Fortsetzung der Metapher wird die Dichtung allegorisch.

Wir verweisen hiemit auf Herder's Parabeln und lassen ein kurzes Gedicht von Göthe folgen.

Autoren.

Ueber die Wiese den Bach entlang
Durch seinen Garten
Bricht er die jüngsten Blumen ab;
Ihm schlägt das Herz vor Erwarten.
Sein Mädchen kommt — o Gewinnst! o Glück!
Jüngling, tauscheft deine Blüten um einen Blick.

Der Nachbar Gärtner sieht herein
Ueber die Hecke: „so ein Thor möcht' ich sein!
Hab' Freude, meine Blumen zu nähren,
Die Vögel von meinen Früchten zu wehren;
Aber sind sie reif: Geld, guter Freund!
Soll ich meine Mühe verlieren?"

Das sind Autoren, wie es scheint.
Der eine streut seine Freuden herum,
Seinen Freunden, dem Publikum!
Der andre läßt sich pränumeriren.

Das lateinische Wort „legenda" bedeutet dasjenige, was man lesen muß, ist jedoch im Laufe der Zeit im anderen Sinne aufgefaßt worden, indem die katholische Kirche den Namen Legende einem Buch ertheilte, das Alles umfaßte, was beim Gottesdienst dem Volke vorgelesen werden sollte. Dann empfingen die wunderbaren Geschichten vom Leben und von den Schicksalen der Heiligen und Märtyrer den Namen Legenden, da diese in den Klöstern vorgelesen wurden und man den Begriff des Vorlesens festhielt. Die Legenden sind daher den Breviarien ähnlich, da diese ebenfalls Lebensgeschichten der Heiligen enthalten und zugleich nach Ehrentagen derselben geordnet sind. Aus den Klöstern wanderten diese Erzählungen unter das Volk, und hiedurch empfingen auch diese Ueberlieferungen den Namen Legende.

Die Legenden haben historische Bedeutung, sie werfen Licht über die früheste Verbreitung des Christenthums. Ferner bekunden sie die damalige Denkart der christlichen Völker, deren Schwächen, Wahn, Aberglauben und gänzliche Verirrung der Vernunft auf religiösem Gebiet weit klarer als alle übrigen historischen Nachrichten, welche uns über das Mittelalter Aufschluß gewähren. Allein sie bedürfen eines Auslegers, der dem gesunden Sinne das Wunderbare des Inhaltes begreiflich macht, außerdem würde ihre Tendenz gänzlich unverständlich bleiben. So weit entfernten sich die Gedanken damaliger Zeit von den unsrigen und gestatten uns somit eine Anschauung von dem großen Unterschiede der Verhältnisse, in denen die Menschen sich in den verschiedenen Zeitaltern bewegen. Innigkeit und Einfalt sind diesen Legenden nicht abzusprechen, allein unsere Zeit hat über sie gerichtet und zwar mit vollem Recht. Neuere Dichter haben Versuche gemacht, die Legende in veränderter Gestalt wieder bei uns einzuführen, diese Versuche sind jedoch als mißglückt zu betrachten und deshalb ist deren Nachahmung nicht zu empfehlen.

Die Benennung Idylle stammt ebenfalls aus dem Lateinischen und wird von „idyllium" abgeleitet, welches in unserer Sprache ein Bildchen bedeutet. In der Dichtung werden glückliche Zustände der Menschen, Einfalt der Sitte und Unschuld geschildert. Der Dichter wählt zu seinem Bilde gewöhnlich die ländliche Beschäftigung. Ganz besonders ist der Hirtenstand geeignet, in schöner Natur das harmlose Glück der Freiheit, Freude und Zärtlichkeit der Liebe beschreiben zu können. Die ländliche Beschäftigung ist jedoch nicht Bedingung, sondern der Dichter kann uns ebenfalls die Verhältnisse der Familie und folglich in seiner Schilderung das Innere der menschlichen Seele aufschließen.

Die Idylle zieht aber bei Darlegung des Inneren mit Bestimmtheit ihre Grenze, indem sie den Menschen immer in der Natürlichkeit, also nicht in seiner Totalität schildert, wie dies im Drama und im Epos der Fall ist; das Tragische und das Pathos sind deshalb ausgeschlossen. Somit müssen wir die Idylle als lyrische Schöpfung betrachten. Mag die Erzählung noch so umfangreich sein, mögen die handelnden Personen selbst im Dialog auftreten: immer fehlt aus dem angegebenen Grunde der Idylle die Grundlage, auf welcher Drama und Epos aufgebaut werden.

Das Metrum kann vom Dichter nach Belieben gewählt werden. Wir verweisen auf Göthe's „Hermann und Dorothea", weil diese Dichtung hinsichtlich der Auffassung und Durchführung, sowie hinsichtlich der Entfaltung des Gemüths als treffliches Vorbild bezeichnet werden muß. Die Darstellung in derselben ist plastisch.

XV.

Elegie.

Nicht immer quillt in der Seele der Frohsinn auf, auch die Wehmuth erhebt unter Verhältnissen den Anspruch der Berechtigung. Diese Bewegung des Gemüths findet ihren Ausdruck in der Elegie.

Der bewegte Dichter erfaßt den Gegenstand in seiner Aeußerlichkeit, und knüpft hieran die eigene subjective Empfindung oder die eigene Betrachtung.

Der Begriff der Elegie ist indessen nicht der subjective Ausdruck der Empfindung, denn diese Bestimmung des Begriffs umfaßt die ganze lyrische Dichtkunst, sondern er ist der Ausdruck einer besonderen Stimmung des Gemüths, welche die Empfindung der Sehnsucht, der Besorgniß oder des Schmerzes erweckt. Dies entspricht dem Begriff desjenigen griechischen Wortes, von welchem die Benennung der Dichtung abgeleitet ist.

Diese besondere Stimmung wird sehr häufig durch die Berührung mit der Welt der Menschen hervorgerufen. Das höchste Ziel der strebenden Bildung bleibt immer die Erkenntniß der Wahrheit, und mit der Erlangung dieses kostbaren Gutes empfängt der Geist zugleich die Klarheit der Vernunft. Wohl wird der Kreis des Wissens immer weiter gezogen, wodurch die Anschauung Vielseitigkeit und somit die Beurtheilung mehr Sicherheit erlangt, allein die ungetrübte Wahrheit im Denken vermag einzig das ewige Licht der Vernunft zu gewähren.

Mit dem Besitz der Wahrheit im Denken wendet der Geist sich wieder zur Natürlichkeit zurück, und derjenige Schmuck, welcher dem harmlosen Kinde so viel Reiz verleihet, tritt nun bewußt in Vereinigung mit dem Wissen als vollendete Bildung hervor. Der Geist wird dann auch die Lippe als Heiligthum bewahren, niemals wird die Pforte des Odems Gedanke und Empfindung entsenden, welche nicht wahrhaft im Inneren aufquellen. Wenn daher ein französischer Staatsmann den Ausspruch gethan hat, daß dem Menschen von der Gottheit die Sprache gegeben sei, um seine Gedanken verbergen zu können, so hat derselbe sicherlich den Beweis tiefer Versunkenheit gegeben.

Es bedarf keiner Darlegung, daß die Welt der Menschen dem wahrhaften Gemüth voll warmer Empfindung nicht immer volle Befriedigung gewährt; die Sehnsucht nach Höherem steigt im Inneren auf, der Geist flieht in die Einsamkeit der Natur und die bewegte Brust haucht voll Wehmuth die Klage aus.

Der Dichter darf indessen niemals vergessen, daß die Kunst geistiges Vergnügen gewähren soll, die erhobene Klage muß folglich gerechtfertigt sein. Der göttliche Funke in unserem Inneren soll zur Flamme auflodern und uns Kraft verleihen, der moralischen Anarchie in der Welt der Menschen mit festem Muth entgegen zu treten. Keine Willkür, kein Undank, keine Verfolgung, kein Druck der Verhältnisse darf uns niederbeugen, heiter müssen wir den Mühseligkeiten des Lebens begegnen, denn das Leben ist ein Kampf, in welchem der freie und wahrhafte Geist immer den Sieg erringt. Mit klarem Auge müssen wir die Zustände anschauen und zur That greifen. Nur wenn das wirkliche Böse uns entgegen tritt, oder das herbe Geschick uns unser Theuerstes geraubt hat: dann mag die Zähre unsere Wange netzen und von der Lippe die Klage tönen. Dann wird die Vernunft ihre Zustimmung nicht versagen, welche sich von der Klage ohne Berechtigung mit Lächeln abwendet.

Der Schöpfer elegischer Dichtung kann uns jedoch auch zur Reflexion führen, indem er durch ein gewähltes Bild das irdische

Leben in seiner Vergänglichkeit und Nichtigkeit darstellt; dann erwacht neben der Empfindung der Wehmuth die ruhige Betrachtung und der Gedanke wird empor gehoben.

Die elegische Dichtung hat sich in Griechenland sehr früh entwickelt. Die ersten Elegien wurden sicherlich in den Zeiten kriegerischer Bedrängniß geschrieben, indem die Brust das Bedürfniß fühlte, sich durch Mittheilung zu erleichtern.

Elegie von Matthisson.
Die Kindheit.

Wenn die Abendröthe
Dorf und Hain umwallt,
Und die Weidenflöte
Hell zum Reigen schallt:
Deine Lenzgefilde
Wähn' ich dann erneut,
Du, der Knabenspiele
Süße Blumenzeit.

Wie der Mond aus grauer
Nebeldämm'rung Flor,
Hebt aus öder Trauer
Sich mein Geist empor,
Wann, mit Spiel und Tanze,
Mir dein Maigefild
Sich im Rosenglanze
Zauberisch enthüllt.

Ach! mit welchem Reize
Dämmert das Revier
Stiller Todtenkreuze,
Kindheit, neben dir!
Deine Nacht voll Sorgen
Dunkelt schon von fern:
Der Vollendung Morgen
Folgt kein Abendstern.

Elegie von Göthe.

Saget, Steine, mir an, o sprecht, ihr hohen Palläste!
    Straßen, redet ein Wort! Genius, regst du dich nicht?
Ja, es ist Alles beseelt in deinen heiligen Mauern,
    Ewige Roma; nur mir schweiget noch Alles so still.
O wer flüstert mir zu, an welchem Fenster erblick' ich
    Einst das holde Geschöpf, das mich versengend erquickt?
Ahn' ich die Wege noch nicht, durch die ich immer und immer
    Zu ihr und von ihr zu gehn, opfre die köstliche Zeit?
Noch betracht' ich Kirch' und Pallast, Ruinen und Säulen,
    Wie ein bedächtiger Mann schicklich die Reise benutzt.
Doch bald ist es vorbei; dann wird ein einziger Tempel
    Amor's Tempel nur sein, der den Geweihten empfängt.
Eine Welt zwar bist du, o Rom; doch ohne die Liebe
    Wäre die Welt nicht die Welt, wäre denn Rom auch nicht Rom.

XVI.

Ballade und Romanze.

Die Ballade stammt aus Italien und war ursprünglich ein Lied der Liebe, welches bei tanzartiger Begleitung der Musik gesungen wurde und den Namen Ballata empfing. Gegenwärtig wird in der Ballade eine Begebenheit geschildert. Somit müßte man dieselbe zur epischen Dichtung rechnen. Die Ballade tritt jedoch zuweilen in so eigenthümlicher Kürze auf, daß sie hieburch den Geist epischer Dichtung gänzlich verliert, wie dieses im folgenden Gedicht von Uhland der Fall ist.

Die Rache.

Der Knecht hat erstochen den edlen Herrn,
Der Knecht wär' selber ein Ritter gern.

Er hat ihn erstochen im dunkeln Hain
Und den Leib versenkt im tiefen Rhein.

Hat angelegt die Rüstung blank,
Auf des Herren Roß sich geschwungen frank.

Und als er sprengen will über die Brück',
Da stutzet das Roß und bäumt sich zurück.

Und als er die goldenen Sporen ihm gab,
Da schleudert's ihn wild in den Strom hinab.

Mit Arm, mit Fuß er rudert und ringt,
Der schwere Panzer ihn niederzwingt.

Der Ton der Ballade bleibt indessen lyrisch, wenn die Dichtung auch an Umfang größer ist, denn die dramatisch angelegte Handlung muß sich immer rasch und gedrängt entwickeln. Jede epische Breite ist ausgeschlossen, und folglich findet in der Schilderung des Characters und des bewegten Gemüths enge Begrenzung statt. Weder Reflexion noch Episoden dürfen eingeflochten werden, der Fortgang der Handlung duldet keine Hemmung. Wenn Schiller in seiner Ballade „der Gang nach dem Eisenhammer" die religiöse Handlung des frommen Knaben hervorhebt, so kann dieses nicht als Nebenhandlung betrachtet werden, denn nur hierdurch trat nach ewigen Gesetzen der Weltordnung die Gerechtigkeit hervor, und der ganze Aufbau der Dichtung würde ohne diese ausführliche Schilderung selbstverständlich in sich zusammenfallen.

Den Inhalt der Ballade bildet folglich eine gedrängte Erzählung einer Begebenheit. Werden die Momente der Handlung mit den betheiligten Personen lebensfrisch geschildert, daß sie ein plastisches Ansehn gewinnen, so muß sich die Schönheit der Dichtung erhöhen, denn hierin liegt das Wesen der Ballade. Diese Schilderung muß jedoch ebenso einfach als wahrhaft sein; sie darf nicht ausarten in der Nachahmung von Geräusch und Klängen durch Wortgeklingel, welches nicht allein unschön ist, sondern auch die Phantasie des Lesers gefangen nimmt, indem diese die trefflich geschilderten Momente der Handlung sofort bildlich gestaltet. Hieraus ergiebt sich, daß die Ballade dem bildenden Künstler reichhaltige Stoffe zu Schöpfungen darbietet.

Es versteht sich, daß der Dichter in der Ballade einer Idee Ausdruck verleiht, denn ohne dieselbe würde selbst die gelungenste Schilderung einer Begebenheit keine Befriedigung gewähren. Diese Idee darf jedoch nicht ausgesprochen werden, sondern sie muß sich nach beendeter Erzählung als Reflexion ergeben. Wohl kann der Dichter am Schluß auf die Idee hinweisen, allein die Schönheit der Dichtung wird unbedingt gesteigert, wenn dieselbe unausgesprochen mit ihrer überzeugenden Gewalt uns entgegen tritt, als wäre sie in dem eigenen Inneren entstanden.

Die Schöpfung der Ballade ist dankbar, denn es wird dem

Dichter leicht, durch Erzählung edler und hochherziger Thaten sowohl Begeisterung als Empfindung zu erwecken; sie ist um so dankbarer, wenn durch Schilderung der historischen That des Volkes Stolz geweckt wird, welches unsere Dichter öfter versäumt haben. Allein das Schaffen dieser Dichtung ist auch schwierig, und nur die lebendige Phantasie des Genius vermag durch schön geordnete und hinreißende Erzählung die Idee voll Klarheit hinzustellen.

Die Romanze wurde in Spanien zur Zeit der maurischen Kämpfe ausgebildet und unterscheidet sich von der Ballade dadurch, daß der Inhalt niemals tragisch ist und folglich der lyrische Ton in demselben stärker hervortritt. Das Metrum muß sich in beiden Dichtungen dem raschen Gange der Handlung anschließen.

Wir besitzen so vorzügliche Muster dieser Dichtungen, daß jeder weitere Hinweis darauf überflüssig ist. Um jedoch den Unterschied zwischen Ballade und Romanze hervorzuheben, wollen wir zwei Beispiele anführen.

Ballade von Göthe.

Erlkönig.

Wer reitet so spät durch Nacht und Wind?
Es ist der Vater mit seinem Kind;
Er hat den Knaben wohl im Arm,
Er faßt ihn sicher, er hält ihn warm.

Mein Sohn, was birgst du so bang dein Gesicht? —
Siehst, Vater, du den Erlkönig nicht?
Den Erlenkönig mit Kron' und Schweif? —
Mein Sohn, es ist ein Nebelstreif. —

„Du liebes Kind, komm, geh' mit mir,
Gar schöne Spiele spiel' ich mit dir,
Manch' bunte Blumen sind an dem Strand,
Meine Mutter hat manch' gülden Gewand."

Mein Vater, mein Vater, und hörst du nicht,
Was Erlenkönig mir leise verspricht? —
Sei ruhig, bleibe ruhig, mein Kind;
In dürren Blättern säuselt der Wind.

„Willst, feiner Knabe, du mit mir gehn?
Meine Töchter sollen dich warten schön:
Meine Töchter führen den nächtlichen Reih'n
Und wiegen und tanzen und singen dich ein."

Mein Vater, mein Vater, und siehst du nicht dort
Erlkönigs Töchter am düstern Ort? —
Mein Sohn, mein Sohn, ich seh' es genau:
Es scheinen die alten Weiden so grau.

„Ich liebe dich, mich reizt deine schöne Gestalt;
Und bist du nicht willig, so brauch' ich Gewalt." —
Mein Vater, mein Vater, jetzt faßt er mich an,
Erlkönig hat mir ein Leid's gethan!

Dem Vater grauset's, er reitet geschwind,
Er hält in den Armen das ächzende Kind,
Erreicht den Hof mit Müh' und Noth;
In seinen Armen das Kind war todt.

Romanze von August Wilhelm Schlegel.
Die Erhörung.

Schöne Fatme! Schöne Fatme!
Drunten in des Vaters Garten
Blühen sieben Mandelbäume:
Willst du nicht die Blüten warten?

In der Mandelbäume jedem
Sitzt ein Paar von Nachtigallen:
Willst du kommen, willst du lauschen,
Wie die süßen Lieder hallen?

In der Mandelbäume Schatten
Sprudelt eine Wasserquelle:
Willst die warme Nacht nicht ruhen
An dem Brunnen kühl und helle?

Schon so viele Monden wandl' ich
Alle Nächte hier, du Spröde,
Und du kommst nicht an dein Fenster,
Giebst mir weder Gruß noch Rede.

Sieh', ich weiß die Schlich' und Gänge,
Lange lag ich auf der Lauer.
Drüben bei dem Dornenhügel
Ueberklettr' ich leicht die Mauer.

Böser Sänger! Böser Sänger!
Störst mich so in meinem Schlafe.
Leise, leise, daß die Mutter
Nicht erwach' und mich bestrafe.

Böser Sänger! Böser Sänger!
Muß ich so hinunter schleichen,
Muß den Thau mit zarten Füßen,
Armes Kind! vom Rasen streichen.

Nur behutsam, guter Abdul,
Nur behutsam spring' die Mauer!
Wenn du fällst und dich verwundest,
Ach, du machst mir Noth und Trauer!

XVII.

Lied.

Das älteste Gedicht ist das Lied. Dasselbe ist so alt wie die Geschichte der Menschen; es ist zugleich die älteste musikalische Schöpfung, denn wir verbinden mit dem Begriff des Liedes den Gesang. Wenn über uns der blaue Aether und um uns die Erde im Schmuck des Frühlings prangt, dann quillt die Freude im Inneren und das Lied muß sie verkünden. Glüht die Liebe im Herzen und erschließt das höchste Glück irdischen Lebens: wie innig tönt dann im Liede das Echo der Empfindung, welche die lebensfrohe Seele bewegt. Sind Männer und Frauen zur festlichen Tafel versammelt, so muß wieder das Lied dem Frohsinn Ausdruck verleihen. Vereinigen wir uns im Tempel zu frommer Andacht, dann hallt das feierliche Lied aus dem Munde Aller und erhöht die Stimmung der Seele, welche das Bedürfniß empfindet, dem ewigen Geist der Welt die demuthvolle Ehrfurcht darzubringen. Die Krieger begeistern sich durch das Lied zum ernsten Kampfe.

Das Lied ist somit die erste Schöpfung des poetischen Gemüths, es steigt ungetrübt aus dem Inneren auf und geht zum Herzen. Der aufgegriffene Gegenstand darf beim Dichten des Liedes nie verlassen werden und der angeschlagene Ton muß fortklingen, bis er ganz in die Tiefe der Seele gedrungen ist. Mag der Inhalt des Liedes geselligen Frohsinn, Kampfesmuth, Vaterlandsliebe, Freiheit, Frömmigkeit oder Liebe verkünden: immer muß die Innigkeit der Empfindung geweckt werden und jede Reflexion fern bleiben. Kürze ist Bedingung. Es leuchtet ein, daß ein Lied ganz volksthümlich sein muß, denn es soll die Empfindung Aller ausdrücken, und jedes Volk, welches seine Nationalität bewahrt hat, besitzt auch immer seine eigenen schönen Lieder. Ist die Dichtung im obigen Sinne kurz und ächt lyrisch gehalten, so giebt sie sofort ihre Bestimmung kund, gesungen zu werden; unwillkürlich will im Inneren die Melodie entstehen, und wir vermögen hieraus deutlich zu erkennen, wie innig Lied und Melodie verschmolzen sind.

Lied von Göthe.

Beherzigung.

Ach, was soll der Mensch verlangen?
Ist es besser, ruhig bleiben,
Klammernd fest sich anzuhangen,
Ist es besser sich zu treiben?

Soll er sich ein Häuschen bauen,
Soll er unter Zelten leben,
Soll er auf die Felsen trauen?
Selbst die festen Felsen beben.

Eines schickt sich nicht für Alle!
Sehe jeder, wie er's treibe,
Sehe jeder, wo er bleibe,
Und wer steht, daß er nicht falle.

XVIII.

Ode.

Das Wort Ode stammt aus dem Griechischen, heißt in unserer Sprache Gesang und bezeichnete somit ein Gedicht, welches die Bestimmung empfangen hatte, musikalisch vorgetragen zu werden. Jetzt begreifen wir damit eine lyrische Dichtung, welche in antiker Form geschrieben ist und folglich aus Versen besteht, bei deren Bildung Messung der Sylben nach ihrer Quantität stattfindet. Die Verse dieser Dichtung werden nicht durch den Reim verbunden, indem der Schluß der metrischen Perioden durch die Form angedeutet wird. Die abgemessene Bewegung dieser Verse kann dem Ohr durch Töne, dem Auge durch Zeichen bemerkbar gemacht werden, und somit sind sie als plastisch zu betrachten.

Die Ode war also als Lied für den Einzelgesang bestimmt, und als Dichtung von größerem Umfange wurde sie von einem Chor vorgetragen. Das Metrum wurde vom Dichter gebildet, wobei selbstverständlich die richtige Folge von Arsis und Thesis beobachtet werden mußte, denn außerdem hätten die Strophen nicht gesungen werden können. Das Metrum mußte immer mit dem Inhalt der Dichtung verschmolzen sein, wie dieses bei Bildung des Liedes in accentuirten Versen mit dem Reim gleichfalls beobachtet werden muß.

Der Dichter bildete die Strophe der Ode dadurch, daß er die metrische Gliederung der Verse niederschrieb durch Bezeichnung der Füße in ihrer Folge. Auflösung der Längen und Zusammenziehung der Kürzen war hiebei inbegriffen. In der metrischen Gliederung mußte jedoch das Gesetz des Rhythmus enthalten sein, nämlich der Zeitgehalt der Füße mußte synkopisch geordnet werden können, wie wir früher dargelegt haben. Die poetische Rede wurde nun nach dem vorgeschriebenen Metrum gebildet, indem die Sylben der Worte nach ihrer Quantität und Intensität in dem Metrum folgen mußten, wobei jeder Zwang in der Rede zu vermeiden war. Die Wortstellung mußte natürlich bleiben, weil außerdem die Schönheit der Rede verloren gegangen wäre. Durch Hinzufügung der Höhe und Tiefe der Töne empfing nun die Strophe ihren musikalischen Abschluß, sie wurde hiedurch Melodie.

Hiebei nahm sich der Dichter die Freiheit, beim Schluß der Strophe nicht unbedingt mit dem logischen Gedanken zu schließen, sondern denselben zuweilen in die folgende Strophe hinüberzuführen; die Form war nämlich so bestimmt ausgeprägt, daß das metrische Ganze sich abschloß, wenn der Gedanke auch weiter ging.

Als die lyrische Dichtkunst in Griechenland blühte, war die musikalische Bildung dort allgemein verbreitet. In Mitylene nannte man diejenigen unglücklich, die keinen Unterricht in der Tonkunst empfangen hatten; denn die Tonkunst diente nicht allein zur Erheiterung, sondern auch zur geistigen Bildung, weil sie von der lyrischen Dichtkunst nicht getrennt wurde. Aus diesem Grunde war die Musik sowohl für die Erziehung, als auch für den ganzen Umfang des praktischen Lebens von Wichtigkeit.

Wir wissen, daß der Lyriker Anakreon die Melodieen zu seinen Dichtungen selbst bildete und dieselben selbst vortrug, während seine Hände die Saiten ertönen ließen. Wir wissen ferner, daß den Lyrikern gewöhnlich die Einübung der Chöre anvertraut wurde, deren Gesänge die Feste schmückten. Die Lyriker waren also zugleich Musiker. Aus der Verbindung beider Künste ging der Versbau und die Strophenform hervor. Jetzt kennen wir nicht mehr die Vereinigung von Poesie und Musik, und deshalb können wir uns die Verschmelzung von Melodie und metrischer Gestaltung nicht mehr vorstellen.

Griechische Melodieen sind uns nicht aufbewahrt worden. Als Solon ein Lied der Sappho von seinem Neffen singen hörte, bat er denselben um Unterricht mit dem Hinzufügen, daß er nicht sterben möchte, bevor er das Lied singen könne. Die Hellenen haben der Welt die Kunst geoffenbart, und wir möchten irren, wenn wir geringschätzend auf den Gesang dieses gebildeten Volkes herabblicken.

Bei der klaren Anschauung der Kunst, welche die Griechen besessen haben, können wir mit Sicherheit annehmen, daß beim musikalischen Vortrage eines Liedes Melodie und Inhalt gleiche Berechtigung empfingen, gehört zu werden. Wir hingegen ertheilen der Melodie vorzugsweise die Berechtigung, vernommen zu werden und nehmen wenig Rücksicht auf den Inhalt der Dichtung. Daher kommt es, daß bei musikalischen Vorträgen zuweilen Texte der Gedichte ausgegeben werden, indem beim Tönen der Melodie die Worte nicht verstanden werden können. Die Bildung der Melodie wird allerdings erleichtert, wenn die metrische Bildung der poetischen Rede nicht mehr die bestimmte Grenze zieht. Unser Gesang ist daher sehr häufig Melodie ohne Gedicht. Wenn auch die Tonschöpfer die Worte eines Gedichts in Musik setzen und durch die Melodie Geist und Empfindung der Dichtung zum Ausdruck bringen, so kann man solche Gesänge auch ohne Stimme, also ohne Gesang, nämlich durch Instrumente allein, als abgeschlossenes musikalisches Werk zum Vortrag bringen, wie dieses häufig geschieht. Hieburch wird der Beweis gegeben, daß die musikalische Schöpfung für sich allein besteht und die Dichtung fast Nebensache bleibt. Unsere Tonschöpfer bilden gegenwärtig sogar „Lieder ohne Worte", welches ein völliger Widerspruch ist, denn ein Lied ohne Worte kann unmöglich gebildet werden, wohl aber eine Melodie ohne Lied.

Das lyrische Gedicht hat somit in unserer Zeit seine ursprüngliche Bestimmung verloren. Die Ursache liegt in der

Trennung von der Musik, und daher schieden die Dichter das Musikalische aus dem Strophenbau. Die Folge hievon war, daß die lyrische Dichtkunst vorzugsweise eine Poesie des Verstandes wurde; der Gedanke trat ebenfalls für sich alleinbestehend in den Vordergrund, wie in der musikalischen Schöpfung des Tonkünstlers die Melodie. Schaffung des Liedes und Schaffung der Melodie trennten sich, obgleich beide auf derselben Grundlage beruhen, nämlich auf dem Gesetz des Rhythmus.

Es muß einleuchten, daß Verse und Strophen, die nach griechischem Vorbilde gebaut sind, größere Schönheit erhalten, als der einfache accentuirte Vers mit dem Reim. Hievon kann sich schon das Auge überzeugen, und wir wollen deshalb zwei Formen neben einander hinstellen.

Trochäischer Vers.

$$-\,\smile\,-\,\smile\,-\,\smile\,-\,\smile\,-\,\smile$$

Sapphischer Vers.

$$-\,\smile\,-\,-\,-\,\smile\,\smile\,-\,\smile\,-\,\smile$$

Der rhythmische Zeitgehalt obiger Verse ist derselbe, denn beide haben die trochäische Bewegung; der erste Vers ist jedoch einförmig, während der zweite Mannigfaltigkeit besitzt. Es bedarf keiner Darlegung, daß dieselbe Verschiedenheit in der poetischen Rede walten muß, die nach beiden Formen gebildet wurde, und deshalb wollen wir einige Strophen und Verse als Beispiele anführen, um diesen Unterschied klar bezeichnen zu können.

Strophe von Rückert.

Freund! von deinen reichen Aesten glühet
Rings dir des Genusses Frucht entgegen;
Und ein andrer Baum im Gärtchen ziehet
Der noch schönern Hoffnung Blütensegen.

Sapphische Strophe.

Hebe dich, mein schweifender Blick, gebreitet
Ueber dir am Himmel die Sterne funkeln,
Hebe dich voll Freude und schaue Gottes
Leuchtende Schöpfung!

Vers von Göthe.

Hat der alte Hexenmeister —

Vers von Klopstock.

Erwach', Harfengetön und erhebe dich —

Abgesehen von dem verschiedenen Inhalt obiger Strophen und Verse, welcher selbstverständlich verschiedene Formen bedingt, tritt der Unterschied so bezeichnend hervor, daß jeder weitere Hinweis darauf überflüssig ist. Hiezu kommt noch, daß die antiken Formen Kürze des Ausdrucks bedingen, während der Dichter bei Bildung des Reimes zuweilen gezwungen wird, zur Erlangung desselben Worte ohne den Anspruch der Nothwendigkeit einzuschalten.

Die ersten Oden schrieb Klopstock. Dieser Genius hat die richtige Bahn betreten, wenn nämlich die von Jakob Grimm ausgesprochene Ansicht Wahrheit enthält, daß unsere Sprache keinen Rückschritt thue und der accentuirte Vers mit dem Reim für die Zukunft bei uns schwinden werde. Allein Klopstock ließ bei Bildung der Verse ebenfalls den Accent walten und vermochte der poetischen Rede nicht die vorgezeichnete Bewegung zu ertheilen. Der Dichter hat die Sylben nicht gemessen, die accentuirte Sylbe galt ihm als Länge, dieselbe empfing die Arsis, und die nicht accentuirte Sylbe vertrat die Kürze. Ohne Messung der Sylben ist jedoch die Bildung der Ode nicht ausführbar, indem die Verse außerdem der Richtigkeit und folglich der Schönheit entbehren. Die Messung der Sylben muß so bestimmt erfolgen, daß die rhythmische Bewegung des Metrum sogleich hervortritt. Bildete Klopstock daher eine choriambische Bewegung durch folgende Worte:

$$\text{\'{}} \cup \cup \text{\textemdash}$$
wenn mein Gebein

so ergiebt sich die Unrichtigkeit der Messung sofort, denn man lieset obige Worte weit richtiger als jambische Dipodie,

$$\cup \text{\'{}} \cup \text{\textemdash}$$
wenn mein Gebein

indem das zweite Wort wegen der beiden Vokale das erste an Intensität überwiegt. Aus diesem Grunde empfingen Klopstock's Strophen zuweilen ganz andere Melodie, als der Dichter denselben geben wollte, welches die folgende Strophe aus der Ode „Sommernacht" beweisen mag.

$$\cup \cup - \cup \| \cup \cup - \cup \| \cup \cup -$$
$$\cup \cup - \cup \| \cup \cup - \| \cup \cup - \cup$$
$$\cup \cup - \cup \| \cup \cup - \cup$$
$$\cup \cup - \cup \cup -$$

Wenn der Schimmer von dem Monde nun herab
In die Wälder sich ergießt, und Gerüche
Mit den Düften von der Linde
In den Kühlungen wehn.

In obigen Versen waltet kein Gesetz, sondern Willkür, denn wir können den ersten Vers ebensogut als Trochäen lesen,

$$- \cup - \cup | - \cup - \cup | - \cup -$$
Wenn der Schimmer von dem Monde nun herab.

und mit den folgenden Versen auf gleiche Weise fortfahren.

> Wenn der Schimmer
> Von dem Monde
> Nun herab
> In die Wälder
> Sich ergießt,
> Und Gerüche —

Die Bildung obiger Strophe ist daher als unrichtig zu bezeichnen.

Platen hat in seinen Oden die Messung der Sylben richtiger gehalten, allein wir begegnen zuweilen ebenfalls dem Zwange, weil der Schöpfergeist nicht völlig mit der Bedingung vertraut geworden war, welche bei Bildung gemessener Verse waltet. In der folgenden sapphischen Strophe

> Wo so furchtlos, trotz des Gerolls der Wagen,
> Auf dem Korb, den voll sie gebracht zu Markte,
> Nun er leer steht, schlummern die wegesmüden
> Knaben des Landvolks.

mußte sich die Rede dem Zwange fügen und wurde unschön.

Im siebenten Abschnitt dieses Werkes haben wir die Ansicht ausgesprochen, daß es überflüssig sei, Gesetze für Prosodie aufzustellen, und bei Beurtheilung der Strophe von Klopstock äußerten wir vorhin, daß bei Bildung derselben kein Gesetz, sondern Willkür hinsichtlich der Messung der Sylben walte. Somit hätten wir uns eines Widerspruchs schuldig gemacht, den wir lösen müssen. Das Gesetz ist einfach. Der Dichter hat bei Bildung der Verse dahin zu streben, daß zwischen Länge und Kürze die größte Differenz stattfinde. Je größer die Differenz, je größer die Harmonie, die aus derselben hervorgeht. Die Längen eines Verses sind hinsichtlich der Quantität möglich gleichmäßig zu bilden und ebenso die Kürzen. Der Wortaccent muß immer mit der rhythmischen Arsis zusammenfallen. Die Länge in Thesis kann an Quantität die Länge in Arsis überwiegen, jedoch niemals an Intensität. Jede weitere Bemerkung ist überflüssig.

Wenn Johannes Minckwitz in seinem „Lehrbuch der deutschen Prosodie und Metrik" die Ansicht aufstellt, daß wir in gemessenen Versen jeder langen Sylbe den Versaccent ertheilen können, ohne hiebei auf den Wortaccent Rücksicht zu nehmen und es demnach gestattet ist, in metrischer Rede

Deutschland, Grundsatz

zu lesen, so befindet sich derselbe im Irrthum. Hierdurch würde der Dichter den Beweis liefern, daß er des Taktgefühls entbehre. Wie widrig tönen folgende Füße:

– ‿ | – ‿ | – ‿
Fürst, Deutsch - lands Hoff - nung sei.

und wie schwindet sofort der unangenehme Mißton, wenn wir

‿ – | ‿ – | ‿ – ‿
Fürst, sei Deutschlands Hoffnung.

den Wortaccent mit dem rhythmischen Accent zusammen fallen lassen, wie die Natur unserer Sprache fordert. Wenn griechische Dichter sich zuweilen solche Freiheit genommen haben, so kann dies für uns um so weniger Vorbild sein, als wir in unserer Sprache fast jede metrische Bildung ohne allen Zwang vornehmen können.

Der Reim kann in der Ode seine Berechtigung finden und die Schönheit der Dichtung erhöhen; die jambische Bewegung eignet sich besonders hiezu. Wir lassen ein Gedicht folgen, welches vom Verfasser dieses Werkes gebildet wurde und fügen hinzu, daß der Trimeter absichtlich ohne Reim gehalten wurde.

Nachahmung.

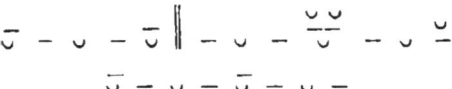

Den edlen Weinstock baue! Alle die laubigen
Baumgruppen pflanze Gottes Hand:

Die Rebe doch sei dein, o pflege die herrlichen
  Fruchtranken als der Freude Pfand.
An deines Hauses Pforte senke die Wurzel ein:
  Zum Fenster, welches traulich lacht,
An ungeschmückter Mauer unter des Giebels Saum
  Zieh' lebensfroh der Blätter Pracht.
In deines Gartens Fluren, selbst am felsigen
  Abhange hin auf jedem Raum,
Wo Gottes Sonne leuchtet, laß zum wonnigen
  Genusse blühn den schönen Baum.
Der ew'gen Gottheit Huld gewährte die süße Frucht
  Dem frommen Noah liebevoll:
Er baute, preßte, zechte heiter den edlen Saft,
  Indeß der Seele Feuer quoll.
Des Geistes Freiheit jedem Zecher beglückend winkt,
  Er bannt hinweg den eitlen Schein:
O freudig Noah folge, baue die Rebe drum
  Und labe dich am goldnen Wein.

Es würde uns über die Grenzen hinausführen, die wir uns in diesem Werke ziehen mußten, wollten wir ausführlich auf die Formen griechischer Lyrik hinweisen, die uns überliefert worden sind; wir begnügen uns daher, diesem Abschnitt ein Gedicht im sapphischen Metrum beizufügen.

Auf der Nordsee.

$- \cup - - - \cup \cup - \cup - \underset{\smile}{\cdot}$ 3
$- \cup - \cup$

Leise naht zum Schiffe die lichte Welle:
Eilet drum, ihr günstigen Winde, breitet
Liebevoll zum Fluge den leichten Fittig,
  Schwellet die Segel!

Trunknes Herz, nicht berge den stillen Jubel,
Jauchze froh: bald tönen der Freunde Grüße,
Letzen wird mich wieder der Muttersprache
  Lieblicher Wohlklang.

Jauchze froh, bald schwindet die öde Trennung,
Trunknes Herz: dann sänftigt, Geliebte, deine
Treue Brust voll inniger Glut die einsam
Trauernde Sehnsucht.

Emsig sucht mein Auge die theure Heimath:
Hebet euch zum Fluge, beschwingte Winde,
Hebet euch, o breitet den leichten Fittig,
Schwellet die Segel!

XIX.

Hymnus.

Der Hymnus ist ein Lobgesang. Der Dichter preiset durch denselben ruhmvolle Thaten und wendet sich somit an eine bestimmte Person oder an einen bestimmten Begriff. Die Sprache verkündet Andacht und Bewunderung. Der Ton muß daher erhaben sein, jedoch mit der Würde die Einfalt vereinigen. Die Psalmen David's sind Hymnen.

Hieraus ergiebt sich, daß der Dichter die Form des Hymnus frei wählen kann, dieselbe wird nur durch den Inhalt der Dichtung bedingt.

Unter allen lyrischen Dichtungen sind die Hymnen von Pindar das Höchste, was der menschliche Geist geschaffen hat, und wir müssen es als eine glückliche Fügung betrachten, daß uns fünfundvierzig Siegeshymnen dieses gewaltigen Sängers überliefert worden sind. Horatius äußert in einer Ode, daß derjenige auf Dädalus' Schwingen emporschwebe, um der krystallnen Flut den Namen zu verleihen, wer Pindar nachzuahmen strebe, denn gleich dem herabrollenden Bergstrom töne der Gesang aus der Tiefe seines Mundes.

Die Hymnen Pindar's werden auch Oden genannt, weil dieselben für den Chorgesang bestimmt waren. Die Eintheilung in Strophen ist verschieden. Wir können wohl annehmen, daß je nach der Zahl der vortragenden Chöre, oder je nach der Theilung des Chors, die Dichtungen in eine gleiche Anzahl Strophen gegliedert wurden. Der Hymnus empfing demnach Strophe, Gegenstrophe und Epode, wenn drei Chöre im Gesange wechselten. Wurde der Hymnus von zwei Chören gesungen, kam die Epode in Wegfall. Strophe und Gegenstrophe sind in gleichem Metrum gehalten, während die Epode wieder in anderer Form gebildet ist. Bei umfangreicheren Dichtungen findet Wiederholung der Strophen und der Epode statt. Monostrophisch wurde der Hymnus gedichtet, wenn der Vortrag nur einem ungetheilten Chore anheimfiel.

Die Melodieen zu Pindar's Siegesgesängen sind verloren gegangen. Die Ambrosianischen und Gregorianischen Gesänge, von denen sich eine ächte Handschrift in der Bibliothek zu St. Gallen befindet, vermöchten jedenfalls über den Vortrag griechischer Hymnen Licht zu gewähren. Form und Inhalt der Dichtungen von Pindar lassen auf einen vollendeten Vortrag schließen. Immer athmen diese Hymnen Feierlichkeit und Würde, immer erhebt sich der Dichter von dem Einzelnen ins Allgemeine, und immer wird der angeschlagene Ton durch das ganze Gedicht fortgeführt.

Die Gesänge Pindar's sind in unsere Sprache übertragen worden, allein es war nicht möglich, neben der Treue des Inhalts zugleich die Reinheit der Form und somit die bestimmte Bewegung des Metrum zu bewahren. Wollte man das Metrum richtig wiedergeben, so müßte man auf Grundlage der Gedanken neue Dichtungen bilden.

Vor einigen Jahren erschienen Hymnen von Adolf Pichler, in welchen der Dichter Pindar's Formen in der Begrenzung nachgebildet hat. Wir lassen eine derselben als Beispiel folgen.

Strophe.

Noch eine Blume! Sie prangt zwar,
Wo jach die Wand zum Abgrund schießt,
Doch keine wiegte so stolz die goldene Krone
Hoch im Blau des Himmels, keine
Strömte aus in diesem Lenze süßeren Duft.

Gegenstrophe.

Sei es gewagt denn! Im Schwung stürzt
Laut krachend Steingeröll hinab,
Aufwärts das Auge gewendet! nahe und näher
Winkt der Preis, schon pflückt die Hand ihn
Und der Alpen Fürstin ziert den herrlichsten Strauß.

Epode.

So lang ihr leuchtet, Dioskuren der Nacht,
Schönheit und Kraft! will ich wandeln dahin
Unter Blumen im Aether mit klarem Auge,
Und wird zum Guten das Beste gegönnt,
So sei es ein Herz, das sinnig und still
Nach dem Glanze nicht, nach der Tiefe nur
Den Werth des wechselnden Lebens mißt.

XX.

Epigramm.

Die Griechen wählten zu elegischen Dichtungen einen Doppelvers, welcher aus dem Hexameter und Pentameter gebildet und Distichon genannt wurde. Beide Verse empfangen durch die Verbindung einen fließenden Character, die Empfindung wird im Hexameter gehoben und im Pentameter wieder gesenkt. Die Form eignet sich vorzüglich zu kleineren sinnvollen Gedichten und wurde sehr bald dem Epigramm ertheilt.

Das Epigramm ist so alt wie die griechische Kunstbildung und hat seinen Ursprung in der Sitte, Denkmäler und Pforten der Tempel mit kurzen Inschriften zu schmücken. Aus diesem Grunde ist bei Bildung desselben Kürze des Ausdrucks Bedingung, die überhaupt den sinnigen Griechen eigenthümlich war. Allein dieser Kürze ungeachtet mußte das Epigramm aus zwei Versen bestehen, der erste enthielt den Gedanken- oder die Thatsache, der zweite die Reflexion oder das Urtheil; deshalb wurde für dasselbe die Form des Distichon gewählt, weil diese harmonisch abgerundet war und ein Ganzes bildete. Bestand das Epigramm nur aus einem einzigen Verse, so diente dasselbe als Erinnerung an wichtige oder merkwürdige Ereignisse.

Jetzt verbinden wir mit dem Wort Epigramm den Begriff eines Sinngedichtes, welches in die antike Form gekleidet wird. Es steht dem Dichter indessen frei, auch andere Formen zu wählen. Jedoch genügt die Form allein nicht, der Inhalt muß antiker Anschauung gemäß in zwei Theile zerfallen: im ersten Theil wird Erwartung oder Spannung erweckt und im zweiten Theil die Aufklärung gegeben. Ohne Erfüllung dieser Bedingung ist die Dichtung immer als verfehlt zu betrachten.

Schärfe des Verstandes, Präzision im Ausdruck, sowie Eleganz und Grazie im Versbau sind Erfordernisse bei Bildung des Epigramm. Somit gehört dasselbe trotz seiner Kürze zu den schwersten Aufgaben des Dichters. Kein Ideal darf hingestellt werden, die Dichtung ist ausschließend ein Werk des Verstandes. Das Epigramm wird deshalb sehr häufig zum Ausspruch des poetischen Urtheils benutzt, der Gedanke muß jedoch immer strenge Wahrheit enthalten, muß mit Scharfsinn ausgesprochen und die Reflexion mit feinem Witz verbunden werden, wenn es seine Wirkung nicht verfehlen soll.

Nur Völker mit politischer Bildung besitzen das Epigramm, indem es das gesellschaftliche Leben berührt. Die griechische Form der Dichtung ist reizend, wie hier zu ersehen ist.

$$- \overline{\smile\smile} - \overline{\smile\smile} - \| \overline{\smile\smile} - \overline{\smile\smile} - \smile\smile - \breve{}$$

$$- \overline{\smile\smile} - \overline{\smile\smile} - \| - \smile\smile - \smile\smile - \breve{}$$

Der erste Vers ist der Hexameter, der zweite der elegische Pentameter. Man sieht, das der letztere sich vom ersteren nur durch Kürzung des dritten und letzten Fußes unterscheidet; die Thesis beider Füße ist nämlich fortgenommen worden, und die Cäsur scheidet daher Arsis von Arsis. Die Cäsur des Pentameter bleibt somit unverändert, während der Dichter sich die Freiheit nehmen kann, die Cäsur des Hexameter nach Belieben zu verlegen.

Wir fügen hinzu, daß die beiden ersten Daktylen des Pentameter zu Spondeen umgebildet werden können, die beiden folgenden jedoch unverändert bleiben müssen. Die letzte Sylbe hat ein unbestimmtes Maaß, allein der Rhythmus verliert an

Schönheit, wird dieselbe als Kürze genommen. Ebenso empfiehlt es sich, den ersten Fuß unverändert zu lassen, den zweiten hingegen zum Spondeus umzubilden.

Epigramm von Schiller.
Das Ehrwürdige.
Ehret ihr immer das Ganze, ich kann nur Einzelne achten:
Immer im Einzelnen nur hab' ich das Ganze erblickt.

Epigramm von Platen.
An die Poetaster.
Schlechten gestümperten Versen genügt ein geringer Gehalt schon,
Während die edlere Form tiefer Gedanken bedarf:
Wollte man euer Geschwätz ausprägen zur sapphischen Ode,
Würde die Welt bald sehn, daß es ein leeres Geschwätz.

Epigramm von Feodor Löwe.
Was du geschaffen, das zählt, nicht was du gewollt, denn die Waage
Senkt nicht der einzelne Tag, sorgender Arbeit geweiht:
Setzt sich die Welt zu Gericht, so fragt sie nicht erst nach dem Vorsatz,
Ueber die fertige That fällt sie den gültigen Spruch.

XXI.

Dithyrambus.

Mit dem Namen Dithyrambus bezeichnet man einen Hymnus, welcher zur Ehre des Dionysos oder des Bacchus gesungen wurde. Die Benennung der Dichtung wird mit einer Sage in Verbindung gebracht, nach welcher die Gottheit zweimal geboren und in einer Höhle mit zwei Pforten erzogen wurde.

Der Genuß des Weins erhöht die Empfindung der Freude und das Gefühl der Kraft, steigert also im Sterblichen die Wonne des Daseins, die Lebenslust: im Dithyrambus muß deshalb hohe Begeisterung walten. Der Dichter kann wie in jedem Hymnus die Form frei wählen, und man verzeiht flüchtige Behandlung derselben im Dithyrambus, indem das geistige Feuer im Inhalt vorwalten muß.

Der Kultus des Dionysos war überall in Griechenland verbreitet; die Dichtart ist daher so alt, als der Kultus selbst. Leider sind uns von den vielen Dithyramben der Hellenen nur einige Bruchstücke überliefert worden. Die Dichtungen wurden in Begleitung berauschender Tänze gesungen. An öffentlichen Festen wurde der Dithyrambus in antistrophischer Form von Chören vorgetragen. Später verband man sowohl poetische Rede als auch mimische Darstellung mit dem Gesange, beide wurden eingeflochten und auf diese Weise hat sich das griechische Drama aus dem Dithyrambus entwickelt.

Dithyrambus von Schiller.

Nimmer, das glaubt mir,
Erscheinen die Götter
Nimmer allein.
Kaum daß ich Bacchus, den lustigen, habe,
Kommt auch schon Amor, der lächelnde Knabe,
Phöbus, der Herrliche, findet sich ein.
    Sie nahen, sie kommen
    Die Himmlischen alle,
    Mit Göttern erfüllt sich
    Die irdische Halle.

Sagt, wie bewirth' ich,
Der Erdgeborne,
Himmlischen Chor?
Schenket mir euer unsterbliches Leben,
Götter! Was kann euch der Sterbliche geben?
Hebet zu eurem Olymp mich empor!
    Die Freude, sie wohnt nur
    In Jupiter's Saale;
    O füllet mit Nektar,
    O reicht mir die Schale.

Reich' ihm die Schale,
Schenke dem Dichter,
Hebe, nur ein.
Netz' ihm die Augen mit himmlischem Thaue,
Daß er den Styx, den verhaßten, nicht schaue,
Einer der Unsern sich dünke zu sein.
    Sie rauschet, sie perlet,
    Die himmlische Quelle:
    Der Busen wird ruhig,
    Das Auge wird helle.

XXII.

Epistel.

Mit diesem Namen bezeichnet man nach dem lateinischen Wort epistola einen Brief, und bei den Theologen die aufbewahrten Briefe der Apostel, sowie einzelne Abschnitte derselben, welche an bestimmten Sonn- und Feiertagen zu Texten der Predigt dienen. In der Dichtkunst bezeichnet Epistel einen poetischen Brief, dessen Inhalt sowohl heiter als ernst gehalten werden kann. Der Dichter hat Form und Inhalt frei zu wählen, der letztere muß jedoch selbstverständlich idealisirt werden. Wird die poetische Epistel an eine bestimmte Person gerichtet, so hat diese die ganze Menschheit zu vertreten, sonst würde die Dichtung zum Briefe in metrischer Form herabsinken. Wir unterlassen die Anführung eines Beispiels.

XXIII.

Schluß.

Unsere Heroen der Dichtkunst haben durch beharrlichen Fleiß die Aufgabe erfüllt, welche die Zeit von ihnen forderte. Dir, edler Jüngling, dem die Muse gelächelt, fällt somit der hohe Beruf anheim, auf der betretenen Bahn weiter zu wandeln und unsere Dichtkunst fortzubilden. Dieselbe ist nicht abgeschlossen. Ueberschaue mit klarem Blick unsere poetische Literatur und klimme mit nie versiegender Kraft zur Höhe der Vollendung.

Als das blühende Zeitalter der Griechen vorüber war, sank mit dem Geschmack auch die Sprache. Hieraus erkennt man, daß die Dichtkunst die Bildnerin der Sprache ist.

Die Rhythmik ist eine schöne Kunst. Niemals haben griechische Dichter Fehler gegen die Richtigkeit des Rhythmus begangen, stets sind sie dem Gesetz desselben treu geblieben, wenn auch die Verse zuweilen Härte empfangen haben.

Die Metrik ist als Wissenschaft nicht beendet, denn es können immer neue Rhythmen gebildet werden und keine Regel vermag die Zahl derselben zu schließen. Nur wenn man unter Metrik das Gesetz des Rhythmus, die Kenntniß der bekannten und gebräuchlichsten Versarten, sowie auch die Regeln der Anwendung des Rhythmus versteht, kann dieselbe als Wissenschaft zum Abschluß geführt werden.

Die Bildung der einfachen Verse mit dem Reim ist nicht schwierig; aber es ist schwer, in der poetischen Rede den Rhythmus in seiner mannigfachen Bewegung und folglich in seiner vollendeten Schönheit zum Ausdruck zu bringen.

Inhalt.

I. Die Dichtkunst.
II. Zweige der Dichtkunst: Lyra, Epos und Drama.
III. Rhythmus
IV. Metrum.
V. Vers.
VI. Strophe.
VII. Prosodie.
VIII. Zweige der lyrischen Dichtkunst: Gasele und Makame.
IX. Terzine.
X. Ritornell.
XI. Canzone und Sestine.
XII. Sonett.
XIII Glosse.
XIV. Parabel, Legende und Idylle.
XV. Elegie.
XVI. Ballade und Romanze.
XVII. Lied.
XVIII. Ode.
XIX. Hymnus.
XX. Epigramm.
XXI. Dithyrambus.
XXII. Epistel.
XXIII. Schluß.